AF366086

La Visión Fragmentaria del Arqueólogo

Sujeto y lenguaje en la cultura Mitteleuropea

Nieves Soriano Nieto

LiberLIBRO.com

ISBN 978-84-19152-26-8

La visión fragmentaria del arqueólogo.
Sujeto y lenguaje en la cultura Mitteleuropea
© Nieves Soriano Nieto
nievessorianonieto@yahoo.es

© producción: LiberLIBRO.com
http://www.liberlibro.com
Ilustración de portada: *Palas Atenea*. Klimt. 1898.
Murcia 2022

Cualquier criatura, en estos instantes, un perro, una rata, un escarabajo, un manzano seco, un camino de carro serpenteando sobre la colina, una piedra recubierta de musgo, es para mí más que la más bella y apasionada amante en la más feliz de las noches. Esas criaturas mudas y a veces inanimadas saltan a mi encuentro con una tal plenitud, con una tal presencia de amor que mis ojos dichosos no pueden encontrar, a todo su alrededor, nada que esté muerto. Todo, todo lo que hay, todo lo que recuerdo, todo lo que mi confuso pensamiento roza, me parece ser algo. [...] Para mí es como si mi cuerpo estuviera formado por puras cifras que me lo revelasen todo. O como si pudiéramos entrar en una nueva relación [...] con todos los seres, como si empezáramos a pensar con el corazón.

Hugo von Hofmannsthal, Carta de Lord Chandos.

Lo que consideramos producción de la enfermedad, la formación de la locura, es en realidad el intento de curación, la reconstrucción.

Sigmund Freud (1911)

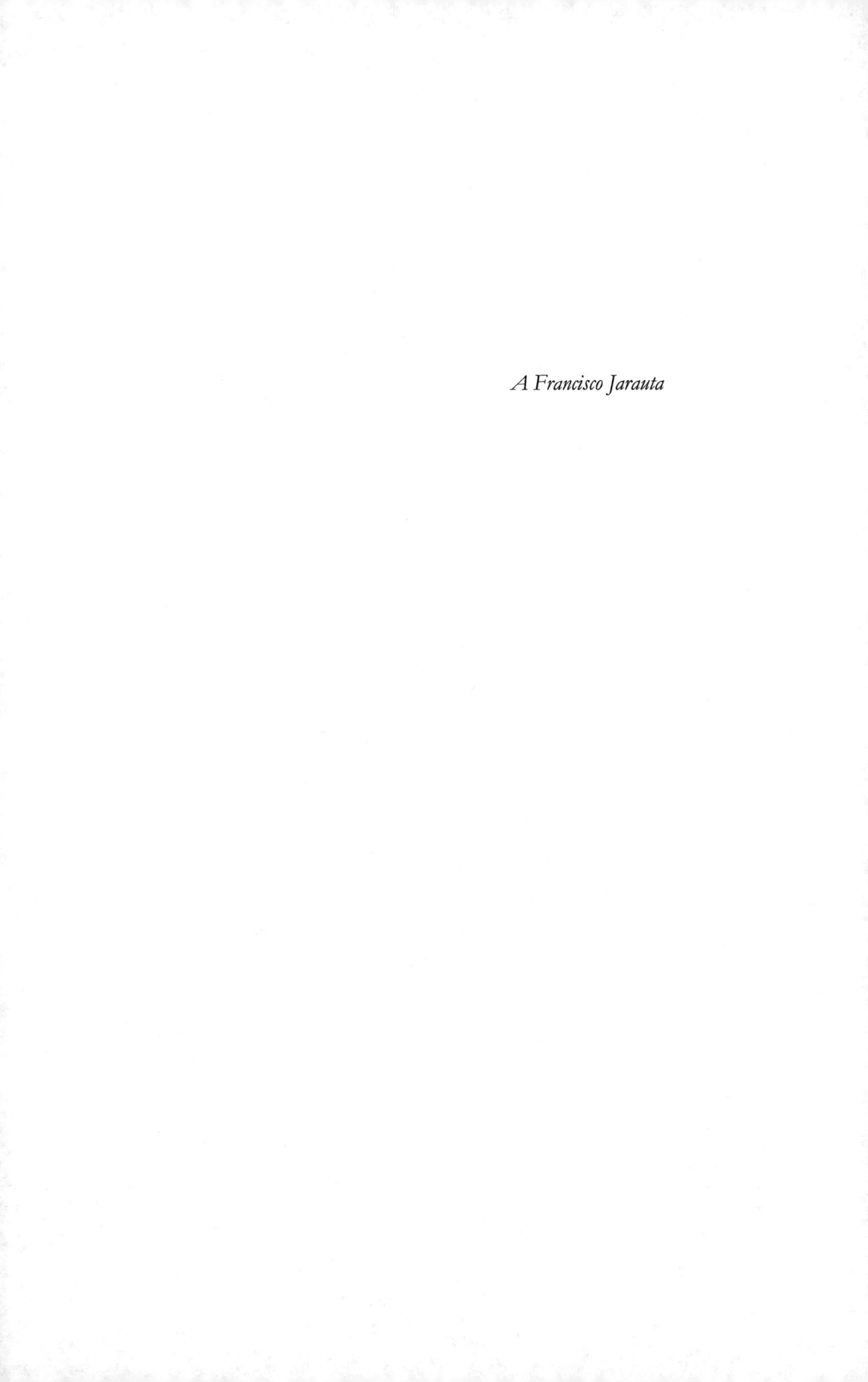

A Francisco Jarauta

Agradecimientos

A Francisco Jarauta; un rayo de luz, intuición; aquella tu ética, ¡oh, admirable viajero!, aquel tu empeño infatigable, ¡oh, sensato revolucionario! Sea tu mirada hálito; creo en tus inquietudes y tus proyectos. Gracias.

A Carmen Cascajosa; en sigilo, ¡oh, gran parisina!, construyes tu admirable *bâteau* por el Sena.

A Vicente; sombra de naranjos, sorprenderse, los injertos, híbridos de la naturaleza, pueden tener un lugar exquisito en el mundo. Gracias por tu paciencia y tu escucha.

A Nacho; desde La Alberca, con alguna piruleta y en tu Dos Caballos, para hacer sonreír alguna que otra lágrima. Gracias.

A Marta Peñalver; párpado estático observas, sea de quien ama en silencio.

A Iñaki, por los encuentros que fueron y aquellas narraciones que vendrán, viajero de centroeuropa.

A Rosa Peñalver; por tu empeño, tu vida y tu quehacer diario.

A Mercedes; tu escucha en mi pecho, tu corazón en mi oído.

A Alberto Fragio; porque siga existiendo en tus manos la ilusión de crear maravillosos papiros.

A Crescente; aquella obsesión por el lenguaje. Gracias.

A Pepe; tu inquietud e inteligencia apremian. Búscate en el espejo fragmentado de la vida.

A Carmen Lorente, y aquellos cuatro meses tan intensos.

A Daniel; tu silencio, aunque doloroso, me abrió a la vida de otra manera. Sigue ahí, ¡oh, recuerdo del alma!, pero guarda silencio.

A Maxi, mi padre, por algunos que otros inteligentes contratos éticos. Gracias.

A Nieves, mi madre, por todos esos besitos a la luz de la luna.

A Julita, si este corazón hablase, diría siempre tu nombre, pequeñita.

A mi abuela, Nieves, horas de fábulas rurales, y algún que otro pasodoble, que persistirá constantemente en mi recuerdo.

A mi abuelo, Maxi, lágrima que brilla ante toda inquietud.

A Aníbal Nieto y Julia Peralta, a su memoria.

De mis profesores, a José María Pozuelo, Mohamed Reda, Violette Vera, y, por supuesto, Francisco Jarauta.

Y a otros tantos que no quedan en el olvido:

Verónica, Mª Carmen Peña, Toñi, Laura, Raquel, Ana, Isa, Mª Ángeles, Mª José, Pablo Gomis, Israel, Marcos, Paco, Belén, Laura Rico, María "la portuguesa", Ana, Óscar, Víctor (Juancho y Pañalita), Elena, Miguel Ángel, José, Javi, Pedro Medina, Pablo Jarauta, Amando, Lumi, Esperanza, Mª Dolores, Roberto, Arantxa, Ana Belén, Mª Jesús, Lamia, Amel, Natalie, Anibícal, Maruja, Laura Nieto, Aníbal Nieto, Martín, Mercedes Ull, Mario, Adriana, Queta, Anne Margareth, y todos los personajes y dibujos literarios, por sus empeños y compañías...

Índice

Introducción 11

1. El nuevo sujeto. Disolución y metamorfosis 17

2. Literatura 31

    Ensayismo 31

    Kafka 38

3. Pintura 49

    Expresionismo y arte abstracto 49

    Kandinsky 58

Epílogo 73

Bibliografía 75

Introducción

Sea aquí, en estas líneas, el dibujo de una época, de los sujetos que la habitaban, de sus sentires internos, de su arte..., sin
olvidar, ante todo, el postulado historicista que Schorske nos
propone en su libro *Viena fin-de-siècle*[1], para tratar de abarcar mo-
destamente, como aquel historiador de lo moderno, las pincela-
das impresionistas que lo fragmentario de aquella época nos
desdibuja. ¿Dónde nos situamos? En la cultura de la Europa
centro-occidental hacia finales del siglo XIX y principios del XX,
en lo que se ha venido llamando la Mitteleuropa.

---

[1] Debido a la fragmentación producida en la cultura moderna, fragmentación
que tuvo su raíz en el surgimiento de la revolución industrial, y que ha pasado a convertirse en una forma de estar en el mundo del sujeto moderno,
resulta imposible al historiador, en su tarea, reconstruir esa época como si
fuese algo total y unificado. Por ello, su tarea se basa en una caracterización
del momento pasado siguiendo dos líneas trazadas sobre la historia:
- Una diacrónica o vertical, en la que se considera un sistema de pensamiento, y se relaciona con sistemas de pensamiento anteriores. Quien alude a
sistema de pensamiento, alude también a sus manifestaciones en la pintura,
literatura, escultura, arquitectura...
- Otra sincrónica u horizontal, en la que se relaciona el objeto cultural escogido con otros objetos culturales de la misma época.

¿Por dónde comenzar?, sea ésta la primera cuestión que debe ser planteada. Deslicemos la mirada por dos imágenes: la *Palas Atenea*[2] de Klimt, de 1898, y la escultura de Atenea[3] que se encuentra frente al Parlamento construido de 1874 a 1883 en la Ringstrasse vienesa, cuyo arquitecto fue Theophil Hansen.

¿Qué representa Atenea? ¿Por qué fue colocada una escultura suya a las puertas del Parlamento de la Ringstrasse? ¿Por qué Klimt hace desaparecer la victoria alada de la mano de Atenea en su imaginario?

Atenea, divinidad griega, salió armada de la cabeza de Zeus. Es una diosa guerrera, su escudo está decorado con la cabeza de Medusa, una de las Gorgonas[4] que mató. Esta divinidad es el símbolo de la razón, ya que su victoria se debió a estrategias reflexivas. Lanza en mano, casco en la cabeza, Atenea era la protectora de la ciudad. Por ello, en aquella Ringstrasse vienesa, construida a raíz de la llegada de los liberales a Cisleitania, y según el principio de dar una nueva imagen a la ciudad que fuese coherente con aquellos postulados del liberalismo: constitucionalismo, primacía de la clase media, y arte como reflejo de aquellos valores culturales, no debía faltar un Parlamento al estilo arqui-

---

[2] Ver Anexo, imagen 1.

[3] Ver Anexo, imagen 2.

[4] Éste era el nombre con que se designaban a los monstruos infernales Euríala, Esteno y Medusa. Medusa era la única peligrosa de las tres, ya que su mirada petrificaba a los mortales. Ésta fue derrotada por Perseo con la ayuda de Atenea. Esta cabeza de Medusa fue, a su vez, un elemento independiente de carácter mágico, utilizado en las celebraciones dionisíacas.

tectónico griego, ni una Palas Atenea que viniera a decir que por aquellos lares era la razón la que gobernaba, a pesar de que el alzamiento revolucionario de 1848 diera a entender a los austro-húngaros que el propio pueblo podía llegar a ser un gran enemigo; razón a pesar de que, por miedo a nuevos alzamientos revolucionarios, se construyese, siguiendo los principios y motivaciones del París de Napoleón III y Haussmann, esa amplia calle, la Ringstrasse, que separaba la ciudad interior, ciudad de la clase media y alta, de los suburbios vieneses, donde habitaba el pueblo proletario, del cual llegarían nuevos alzamientos; razón a pesar de que esa Ringstrasse, debido a su anchura y longitud, llegaría a servir para la disipación de posibles barricadas; razón a pesar de que el ejército austríaco se oponía tajantemente a tomar cualquier tipo de medida urbanística que no le permitiese el control de futuras situaciones revolucionarias[5]; razón a pesar de que fuesen aquellos valses los que se interpretaban cada vez que algo iba mal, o aquel Schubert[6], pintado por Klimt en 1899, tocando para las clases adineradas, con ese arte hecho para ellos mismos, para el reflejo de sus propias inquietudes, mientras, en ese mismo año, se propuso el "Programa nacionalista de Pentecostés", suscrito por los partidos alemanes, y que derogaba el decreto sobre bilingüismo; razón a pesar de que ese intento paternalista de los libe-

---

[5] No olvidemos que, una vez realizada la Ringstrasse, los militares construyeron cuarteles cerca de las estaciones de ferrocarril, para que los refuerzos de las provincias llegasen pronto a la ciudad.

[6] Ver Anexo, imagen 3.

rales, cambiando educación del pueblo por respeto a un nacionalismo alemán, de los habitantes alemanes del imperio, nacionalismo que a muchos pueblos les resultaba absolutamente desconocido, piénsese en las zonas más orientales del Imperio.

Resulta evidente ya cómo es posible que pocos años más tarde Klimt pintara su *Palas Atenea* de aquella manera, sustituyendo la victoria alada de la mano de Atenea, por la *Nuda Veritas*[7], acción que no es más que la de reclamar para el arte el paso de la razón a la *psyche*, del reflejo naturalista al refugio modernista. Algo ocurría detrás de todos aquellos discursos culturales de la política liberal. El sujeto que se gestaba en aquella época, del que hablaremos en la primera parte del trabajo, adquiría una forma de estar en el mundo que se basaba en un estado de crisis ante tales situaciones. Tan sólo tres caminos ese sujeto podía, entonces, llegar a recorrer: o bien la crisis continua a lo largo de

---

[7] Ver Anexo, imagen 4. La Nuda Veritas se convirtió en el símbolo del movimiento artístico de la Secesión, en el cual estuvieron implicados Klimt, O. Wagner, Olbrich, y otros, cuyo lema era "A cada época su arte, a cada arte su libertad" (escrito en el friso del edificio de la Secesión, proyectado por Olbrich (Ver Anexo, imagen 5)). Lo que todos ellos reclamaban era la búsqueda de un nuevo lenguaje para el arte, que no era más que la búsqueda de un nuevo lenguaje para un sujeto en crisis. El arte pasaría, con ellos, de ser un reflejo coherente con todas aquellas situaciones propuestas por la imagen de los liberales, a ser un refugio, una vía de escape, de huida, no sin antes haber pasado por el tamiz de la revolución, al menos revolución con el orden establecido.
Esta Nuda Veritas es una niña que tiene flores en sus pies, flores que expresan la nueva generación, o la regeneración del arte, y que sostiene, frente al espectador, que no es más que el hombre moderno, un espejo en el que no se refleja imagen alguna. El hombre moderno es aquel que, ante la fragmentación y la escisión, tiene disuelta su identidad, carece de rostro determinado.

su vida, o bien la construcción de una nueva forma de mirar, de un nuevo lenguaje, o bien ambos recorridos, a través de lo que nombraremos en sucesivas líneas como disolución y metamorfosis. Éste va a ser el argumento del escrito. En primer lugar, definir una mirada sobre la época. En un segundo momento, elegir dos rincones de la cultura, sean la literatura (Lukács y Kafka), y la pintura (Kandinsky), para tratar de hacer empírica aquella argumentación que desarrollamos en aquel primer momento. De antemano, quede explícito, todo está abierto. Esos tres lugares elegidos para hacer empírica la argumentación no son suficientes, ni tampoco podría establecerse el límite de cuántos son suficientes, dado que quizás habría que fijarlo en todos aquellos lugares y personajes de la cultura de la época. No obstante, a pesar de que no sean suficientes, siempre podremos argüir que resultan necesarios, y, por ello, en una primera aproximación a la época, los abrazaremos tierna e intensamente.

1. El nuevo sujeto. Disolución y metamorfosis

Tomamos aquí, para el análisis de la época, dos palabras: disolución y metamorfosis[8]. Es característica propia de aquellos sujetos que habitaban ese final del siglo XIX y principios del XX la de la disolución. Disolución en el sentido de ausencia de identidad personal; disolución en el sentido de fragmentación. Disolución como aquel nihilismo proclamado por Nietzsche, de aquel *Freigeist* que acaba por rechazar todo lo que tiene que ver con una verdad absoluta procedente de la metafísica y la tradición cristiana, y que lleva a no aceptar todo lo que tenga que ver con una totalidad, un fundamento o un sujeto único, es más, nihilismo que lleva a utilizar la ironía como forma crítica y forma de vida de ese sujeto en disolución.

Todo se había ido fragmentando, los discursos sobre totalidades, o bien históricas, o bien filosóficas, o morales, o de cualquier otro tipo, no tenían lugar ya en la consideración tanto de

---

[8] Agradecer a Francisco Jarauta la utilización de ambas palabras en este contexto.

los saberes como de los individuos. Nietzsche ya había proclamado su "Dios ha muerto", que no es más que la tarea de hacer palabra todo lo que había venido ocurriendo a lo largo del siglo XIX. A raíz de la Revolución Industrial, con el surgimiento de la nueva clase social, el proletariado, con la proclama marxista hacia la Revolución, con el aliento por la lucha por la igualdad, a pesar de los constantes empeños por la restauración del Antiguo Régimen, ya perdido, con la repercusión económica de la industrialización, que avanzaba a pasos de gigante, llegando a hacer el mundo más pequeño, debido a su mayor accesibilidad, con el comienzo de la expansión colonial, con la construcción de líneas de ferrocarriles que transportaran los materiales producidos de forma masiva, con el diseño urbanístico de nuevas ciudades, como el París de Napoleón III y Haussmann, proyectadas para el progreso industrial, para el enriquecimiento de la burguesía empresaria, con la aparición de nuevas formas de vida en el seno de esas nuevas ciudades, ya sea el *flâneur*, alentado por el fetichismo de la mercancía, constituida por cada uno de sus personajes, o el dandy, la *bohème*, los miserables, o la nueva burguesía, alimentada por el deseo de la compra y la adquisición de las manifestaciones de su poder económico ascendiente, con la división cada vez más tajante entre proletariado, en cuyo seno se encerraba la posibilidad de la revolución, y burguesía, que había dejado de portar ese hálito por la revolución que tuvo a finales del siglo XVIII[9], con

---

[9] Separación que ya había sido descrita, cual premonición, por Engels y

la aparición de múltiples y diversos estímulos en el sujeto habitante de la ciudad moderna, sea Londres, sea París, sea Viena, con el giro revolucionario del arte desde el realismo hasta el impresionismo o el expresionismo y la abstracción, hay una ruptura con el orden y la forma de pensamiento clásicos, se ha llegado a los *límites del clasicismo*[10].

Efectivamente, todos las concurrencias de fragmentaciones progresivas ocurridas a lo largo del siglo XIX, y hechas ya palabra efectiva en cada uno de los escritos nietzscheanos, lleva al sujeto a la situación de la imposibilidad de abarcar con la palabra, con la pintura, con la escultura, o con cualquiera de las manifestaciones culturales que se tomen, una pretendida totalidad que ya no existe, dado que ya no es posible en la situación histórica en la que se encuentra, una pretendida verdad, que se sigue buscando, y que no puede encontrarse más que en lo convencional del pacto de cuál sea esa verdad, todo es una *danza de la muerte de los principios*[11]. No existe una sola verdad, como no existe un solo

---

Marx en el Manifiesto comunista, a finales de la primera mitad del siglo XIX:
Nuestra época, la época de la burguesía, se distingue, sin embargo, por haber simplificado las contradicciones de clase. Toda la sociedad va dividiéndose, cada vez más en dos grandes campos enemigos, en dos grandes clases que se enfrentan directamente: la burguesía y el proletariado.
Karl Marx y Friedrich Engels, *El manifiesto comunista*. p. 9, Dibujado por Ro Marcenaro. Barcelona, Tusquets, 1976.
[10] Término utilizado por Francisco Jarauta en "Fragmento y totalidad. Sobre los límites del clasicismo" en AAVV, *Los confines de la modernidad*, Barcelona, Granica, 1988.
[11] Arnold Schönberg. Citado por Carl E. Schorske en *Viena Fin-de-siècle*, p. 13, Barcelona, Gustavo Gili, 1981.

discurso. El lenguaje, en el que hasta ese momento no se había puesto sospecha alguna, llega a imponer el pesimismo al sujeto, que siente que nunca podrá alcanzar la cosa con la palabra, porque no existe cosa, porque cada una de ellas se divide en sus partes, porque incluso el átomo, que en la teoría mecanicista tenía la propiedad de la indivisibilidad, desde los experimentos eléctricos de Ampère, a principios del siglo XIX, con el descubrimiento de los electrones, o la teoría de los *quanta* de Planck en 1900, con la que se deconstruye el principio de continuidad de la energía[12], o la concepción de Rutherford sobre la representación planetaria del átomo, en 1911, dejó de ser algo unitario[13], hasta la teoría de la relatividad de Einstein, en la que tanto el espacio como el tiempo se relativizan, dependiendo del sistema de referencia que se considere[14]:

---

[12] La energía, que en la física newtoniana era estudiada como una onda, y, en cuanto onda, era considerada como algo continuo y unitario, pasa a descubrirse que está compuesta de cuantos, de micropartículas que tienen su comportamiento particular, a pesar de estar integradas en un conjunto. No sólo se cambia la consideración de la energía, sino que se constata que puede comportarse tanto como onda como quanta. De esta forma, la disolución del proceso unitario de teoría se llevaba a cabo.

[13] Quisiera anotar ahora que los descubrimientos posteriores sobre el átomo llegan a dividirlo en partes cada vez más pequeñas, de tal forma que la fragmentación es aún mayor. Y quisiera anotar también que este proceso de fragmentación tratado en esta época concreta, ha venido desarrollándose a lo largo del siglo XX y principios del XXI, de tal forma que puede que en la actualidad los sujetos estén incluso más escindidos. Tan sólo anotarlo.

[14] Uno de los ejemplos que probablemente resulte conocido es el caso del tren. Suponiendo que el tren se desplaza a una velocidad constante, existen dos sistemas de referencia, el de los viajeros que van dentro del tren, y el del sujeto que se sitúa fuera del mismo. Supongamos que, en dos lugares de la vía, se producen dos destellos de luz simultáneos. El observador externo los

*Todo se descomponía en partes, y cada parte en otras partes, y na-
da se dejaba ya abarcar por un conceptos*[15].

*Un acontecimiento científico vino a eliminar uno de los obstáculos
más importantes de este camino. Fue la división del átomo. En mi
alma, la desintegración el átomo era lo mismo que la desintegración
del mundo entero. Los muros más gruesos de desmoronaban de
pronto. Todo se hacía precario, inestable, blando. No me habría
asombrado ver una piedra fundirse en el aire frente a mí y hacerse
invisible. La ciencia me parecía anonadada: sus bases más sólidas
no eran más que una añagaza, un error de los científicos que no
construían su divino edificio, piedra por piedra, con tranquila mano, en medio de una luz transfigurada, sino que iban tanteando en
la oscuridad, al azar, en busca de verdades, y en su ceguera toma-
ban un objeto por otro*[16].

---

verá simultáneos, dado que su posición es estática. Sin embargo, el observador situado dentro del tren observa primero el destello situado en la dirección hacia la que se dirige el tren. Por tanto, el tiempo resulta relativo según
la posición y el sistema de referencia. Al igual ocurre con el espacio, y siguiendo con el ejemplo del tren. En caso de que uno de los viajeros lance
una pelota luminosa hacia el suelo, y la haga botar, lo que él observa es una
pelota que cae y sube, siguiendo la misma dirección, pero sentido contrario.
Sin embargo, el observador situado fuera, y debido al movimiento del tren,
verá una luz que describe una curva descendente, y posteriormente ascendente, en la dirección en que se dirige el tren.

[15] Hugo von Hofmannsthal, *Carta de Lord Chandos*, p. 31, Valencia, Colegio Oficial de Arquitectos de Murcia, 1981.
[16] Wassily Kandinsky, "Mirada retrospectiva 1913-1918" en *Mirada retrospectiva*, p. 103, Barcelona, Emecé, 2002.

Este lenguaje problemático, como nos hace ver Francisco Jarauta, en referencia a la *Teoría Estética* de Adorno[17], es la base de ese arte de la época. Ese arte en crisis a raíz de todos los acontecimientos decimonónicos. Es el arte, en suma, el reflejo de toda la disolución del sujeto. Y cabe aquí resaltar que ya no resulta reflejo minucioso de todos aquellos mundos reales descritos por Zola o Balzac, sino reflejo de la inquietud nerviosa de ese sujeto en disgregación.

Aquesto no conduce más que a una crisis de identidad[18], crisis que el sujeto vive como contradicción interna:

> *Pero debo presentaros mi interior, esa extrañeza, esa irregularidad, esa enfermedad —si queréis- de mi espíritu, para que podáis com-*

---

[17] Francisco Jarauta, "Reflexiones transversales sobre filosofía y literatura" en *Literatura y filosofía en la crisis de los géneros*, Madrid, Fundación Juan March, 1999.

[18] Cabe anotar aquí que estas crisis de identidad llevan también al sujeto a poder disfrazarse e identificarse con seres de lo más anodino. Tal ocurría a Kafka, el que a lo largo de los Diarios va viendo cuán desarrollada está su capacidad de imitación de los gestos de los demás (lo veremos en las siguientes partes del trabajo), y en la propia Carta de Lord Chandos:
Cualquier criatura, en estos instantes, un perro, una rata, un escarabajo, un manzano seco, un camino de carro serpenteando sobre la colina, una piedra recubierta de musgo, es para mí más que la más bella y apasionada amante en la más feliz de las noches. Esas criaturas mudas y a veces inanimadas saltan a mi encuentro con una tal plenitud, con una tal presencia de amor que mis ojos dichosos no pueden encontrar, a todo su alrededor, nada que esté muerto. Todo, todo lo que hay, todo lo que recuerdo, todo lo que mi confuso pensamiento roza, me parece ser algo. [...] Para mí es como si mi cuerpo estuviera formado por puras cifras que me lo revelasen todo. O como si pudiéramos entrar en una nueva relación [...] con todos los seres, como si empezáramos a pensar con el corazón.
Hugo von Hofmannsthal, *Carta de Lord Chandos*, pp. 34-35, op. cit.

prender que estoy separado, como por un abismo sin puentes, tanto
de mis pasados trabajos literarios como de los que me aguardan, y
que dudo en llamar míos, tan ajeno es el lenguaje en el que me
hablan[19].

Al igual que aquellos dos mundos existentes en *La otra parte* de Kubin, el de la racionalidad técnica, representado por H. Bell, y el de los sueños, el cual no dejaba de ser oscuro, como la irracionalidad y el sentir humanos, representado por C. Patera. Esa contradicción entre ambos mundos, como nos señala Francisco Jarauta en el prólogo a la novela, produce neurosis colectivas, epidemias de sueño, orgías..., o que aquella cita en boca del protagonista de la novela:

Descubrí con horror que mi Yo estaba compuesto por una serie in-
finita de Yoes que se mantenían al acecho uno detrás de otro.[...]
Cada uno de estos Yoes tenía sus propios puntos de vista[20].

El mundo externo, así como el interno, resultan inefables. Si de por sí lo que el sujeto siente resulta inexplicable, qué decir de lo que está allá afuera. Con la fragmentación de la cultura de la época, con esa infinita divisibilidad de los acontecimientos, con la cantidad de estímulos que al sujeto, ahora neurasténico,

---

[19] Hugo von Hofmannsthal, ibid, p. 26.
[20] Alfred Kubin, *La otra parte*, p. 147, Barcelona, Minotauro, 2003.

llegan, procedentes ya de miles de lugares distintos, se produce un giro del sujeto hacia sí mismo. La literatura no hablará ya de lo que está allá, en el exterior, como aquellas novelas naturalistas de Zola que reflejaban, con mínimo detalle, cómo vivían las personas del París costumbrista, sino de lo que está dentro, véase desde la *Carta de Lord Chandos* hasta los *Diarios* de Kafka. Al igual, la pintura no será ya el reflejo de situaciones externas, como aquellos cuadros de Delacroix o Courbet, sino que pasará por la mirada del sujeto, primero impresionista, y, más tarde, expresionista, o cubista.

Ante tal estado de debilidad del sujeto, debilidad en el sentido de ausencia de algo sólido a lo que aferrarse, la reacción más próxima es la del rechazo, o bien de la palabra, en el caso de la literatura, o bien del trazo, en el caso de la pintura, o de cualquier otra forma de expresión en un lenguaje, sea también el musical o el matemático. Es la considerada *crisis de la narración* por Valeriano Bozal[21]. Así la renuncia de Lord Chandos a la literatura en el texto de Hofmannsthal:

> *Ésta es la carta que Philipp, Lord Chandos, [...] escribió a Francis Bacon [...] para disculparse ante el amigo por su total renuncia a la actividad literaria[22].*

---

[21] Valeriano Bozal, "Fin de siglo: Notas para una teoría de la época" en *La Balsa de la Medusa*, nº 1, 1987.

[22] Hugo von Hofmannsthal, *Carta de Lord Chandos*, p. 25, op. cit.

O las crisis de escritura que constantemente acompañan a Kafka en sus diarios.

¿Cómo hablar, entonces, si no existe ya la posibilidad apuntada por Kant del acercamiento a la cosa en sí con el lenguaje como intermediario?[23]

Después de esta renuncia, y ante la imposibilidad de seguir actuando con el lenguaje presente, se produce la metamorfosis, esto es, el cambio del lenguaje, la invención de uno que se adecue a esa realidad fragmentada, disuelta:

Y es cierto que la disolución —la muerte sería su extremo- conduce a la mera posibilidad: reinos futuros y futuras formas se dan como meros posibles[24].

Así, Hofmannsthal asigna al poeta la tarea del nombrar en un nuevo lenguaje, tratando, con ello, de dar unidad a ese sujeto moderno:

[el poeta] es el que une en sí mismo los elementos de la época[25].

---

[23] Pregunta que se realiza Valeriano Bozal en "Fin de siglo: Notas para una teoría de la época" en *La Balsa de la Medusa,* op. cit.

[24] Francisco Jarauta, Prólogo a *La otra parte* de Alfred Kubin, op. cit.

[25] Hugo von Hofmannsthal, "Der Dichter un diese Zeit" in *Selected Essays,* Oxford, 1955, p. 132. Citado por Carl E. Schorske en *Viena Fin-de-Siècle,* p. 331, op. cit.

O aquel Lukács que ve en el ensayo la forma de expresión moderna, o aquel Kandinsky, que, a raíz de su *Primera acualera abstracta*[27], crea una nueva forma de expresar en pintura, descrita en *Punto y línea sobre el plano*, o aquel Kafka que, en un alarde premonitorio, da vida a la cucaracha, para acabar renunciando a la vida misma por la literatura, o aquel Schönberg que, a raíz de su emancipación de la disonancia, creó su sistema serial o dodecafónico, o aquel Einstein que dio cuerpo a su teoría de la relatividad, o aquel O. Wagner que creó una arquitectura basada en la simplicidad y el funcionalismo, unidos a la belleza artística, por las calles de Viena, con su lema "solo la necesidad domina el arte"[28], llegando a la construcción del módulo urbano como modelo de vida metropolitana, módulo proyectado como núcleo de la ciudad semiautónomo, en el que lugar de trabajo, vivienda y edificios públicos y culturales se aúnan, o aquel Kubin que apuesta por la ironía en el epílogo de su otra parte:

---

[26] Hugo von Hofmannsthal, *Carta de Lord Chandos*, p. 38, op. cit.

[27] Ver Anexo, imagen 6.

[28] Ver Anexo, imagen 7.

El verdadero infierno radica en que esta contradictoria polaridad se perpetúa en nosotros. El mismo amor posee un centro de gravedad que oscila entre cloacas y letrinas. *Las situaciones más sublimes pueden ser víctimas del ridículo, el escarnio o la ironía.*
El *Demiurgo es hermafrodita*[29].

Ésta es la metamorfosis que se produce en aquel *Freigeist* nietzscheano, quien, una vez se ha disuelto tanto a él mismo como al fundamento del conocimiento adquirido a lo largo de la historia (*Dios ha muerto*), ve en sí mismo la tarea de renacer, de crear un nuevo lenguaje, una nueva historia, una nueva moral, en suma, nuevas verdades. Esta tarea, a cargo de la voluntad de poder, de poder crear ese lenguaje, esa historia, esa moral, esas verdades, le abre el camino a las infinitas posibilidades, al sueño[30], y, por ende, a la literatura, a la fabulación, a la fábula:

---

[29] Alfred Kubin, *La otra parte*, p. 264, op. cit.

[30] *Para mí la apariencia es la realidad misma actuando y viva que, en su ironía para consigo misma, había llegado a hacerme creer que aquí no hay más que apariencia, fuegos fatuos, danzas de duendes, y nada más –que entre todos esos soñadores también yo, en cuanto que estoy "en trance de conocer", danzo mi propia danza; que quien está "en trance de conocer" no es sino un medio para prolongar la danza terrena, y que en este sentido figura entre los maestros de ceremonias de las fiestas de la existencia, y que la consecuencia y el vínculo primordiales de todos los conocimientos constituyen y constituirán tal vez el medio supremo de asegurar la universalidad del sueño y la comprensión mutua de todos estos soñadores, y, por consiguiente, de prolongar la duración del sueño.*
Friedrich Nietzsche, *La gaya ciencia*, Aforismo 54, Madrid, M. E. Editores, 1995.

> *El anuncio de "Dios ha muerto" [...] corresponde exactamente al proceso en el que el mundo verdadero y el mundo aparente quedan absorbidos por la fábula*[31].

Tan sólo después del paso de la reflexión por un nuevo lenguaje puede volverse a la figuración, como así nos hace ver Valeriano Bozal en su texto[32], ahora no ya como figuración inocente, que considera que la imagen o la palabra representa la realidad, sino considerando que la imagen o la palabra representan una realidad pasada ya por el tamiz del sujeto que ejecuta:

> *La naturaleza, he querido copiarla y no lo he conseguido. Pero me sentí orgulloso cuando descubrí que el sol, por ejemplo, no podía reproducirse, sino que había que representarlo por otra cosa, ... por el color*[33].

El sujeto adquiere un lugar privilegiado en el proceso de la cultura, su mirada, cada una de sus conexiones neuronales; es él, su nombre puede llegar a ser valioso, preciado, precioso, en aquella colección de nombres y objetos que ahora, y tan sólo

---

[31] Francisco Jarauta, *La época de Nietzsche*, p. 36. Manuscrito.

[32] Valeriano Bozal, "Fin de siglo: Notas para una teoría de la época" en *La Balsa de la Medusa*, op. cit.

[33] Cézanne en M. Doran (ed.), *Sobre Cézanne*, Barcelona, Gustavo Gili, 1980, p. 227. Citado por Valeriano Bozal en ibid, p. 21.

ahora, se constituye como *gabinete de las maravillas* de ese yo fragmentado y escindido, que es alegoría de lo real:

> *Sólo cuando lo real, todo posible real ha quedado reducido a apariencia, nuestros "nombres" tienen un verdadero significado, poseen lo real y pueden así formarlo y transformarlo de acuerdo a su voluntad*[34].

---

[34] Francisco Jarauta, *La época de Nietzsche*, p. 23. Manuscrito.

2. Literatura

Ensayismo

El ensayo, dentro de este contexto de disolución del sujeto, adquiere una importancia relevante en el paso de esa disolución a la metamorfosis. En la búsqueda de nuevos lenguajes, que se adecuaran a las nuevas preocupaciones y sentimientos del sujeto, algunos buscaron en la forma ensayo una manera de rastrear una solución a los mismos, como todos aquellas pequeñas cosas de la vida que se tornan lo más grande, en ese preciso instante en que llegan cuando más se las necesita.

Y el ensayo, en la época que tratamos, fue la preocupación principal de Lukács, como también lo sería la de Adorno, en su matización de aquella forma ensayo descrita por Lukács.

Es necesario recordar que el ensayo, en este contexto que va a tratarse aquí, es parte de la literatura, es más, llega a convertirse en literatura a lo largo de la reflexión lukácsiana. Desde aquella "Carta a Leo Popper" hasta la *Teoría de la novela* existe tan sólo un estrecho camino, y, si se permite, desde esa "Carta a Leo

Popper" hasta la inquietud kafkiana por el aferrarse a la literatura, a la cual más adelante se hará referencia, hay un paso mínimo si se toma esa *Teoría de la novela.*

En suma, no está dentro de la consideración lukácsiana de ensayo aquél que se aleja de la literatura, aquél que, a pesar de resultar necesario, adquiere un carácter de positivismo y de acercamiento a un mundo externo, como pueden ser todos aquellos ensayos de ciencia. La ciencia, que hasta hacía pocos años había sido firme con el newtonianismo, como ya se apuntó en la primera parte de este escrito, queda disuelta. El ensayo tan sólo es aquél que recupera y se acerca a la interioridad del sujeto como si se tratase de una obra de arte, un sujeto a su vez disuelto, un sujeto que no es único, que carece de identidad[35], al menos así lo es en la consideración tanto de Lukács como de Adorno:

> *En la ciencia obran sobre nosotros los contenidos, en el arte las formas; la ciencia nos ofrece hechos y sus conexiones, el arte almas y destinos*[36].

En suma, un ensayo está cercano a la literatura, como aquellas novelas kafkianas, aquella *Metamorfosis* o aquel *Proceso*, en las

---

[35] *El ensayo se organiza así como discurso de lo incompleto, de lo no resuelto; es una incesante emancipación de lo particular frente a la totalidad.* Francisco Jarauta, "Para una filosofía del ensayo" en *Revista de Occidente*, nº 116, 1991, p. 49.

[36] György Lukács, "Carta a Leo Popper" en *El alma y las formas, Obras completas*, vol. I, p. 17, Barcelona, Grijalbo, 1975.

cuales uno no sabe distinguir con claridad dónde queda la forma ensayo y dónde la forma novela.

Lukács comienza su "Carta a Leo Popper" preguntándose si existe algún tipo de unidad en el ensayo:

> *Tengo ante mí los ensayos destinados a este libro. [...] Pues para nosotros lo que importa es [...] si hay algo en ellos por lo cual puedan llegar a una forma nueva y propia, y ese principio es el mismo en todos ellos. ¿Qué es esa unidad, supuesto que exista?*[37]

Su inquietud era buscar, a través del mismo, una totalidad, totalidad fragmentada, en la medida en que versa sobre un sujeto disuelto. Esto es, ante la disolución del sujeto de la época, ante su carencia de identidad, ¿cuál resulta pues la función del ensayo? Buscar una totalidad, un discurso sobre ese sujeto, un nuevo lenguaje, construido ahora en la forma ensayo[38]. Ésta era la función que asignó Lukács al mismo. Cuando nos habla de totalidad no está haciendo referencia a la existencia de un conjunto unitario, ni a un lenguaje y un discurso único, como algunos autores lo han interpretado, sino a una totalidad fragmentaria dada a un

---

[37] György Lukács, ibid, p. 15.

[38] *Hay, pues, vivencias que no podrían ser expresadas por ningún gesto y que, sin embargo, ansían expresión [...] la intelectualidad, la conceptualidad como vivencia sentimental, como realidad inmediata, como principio espontáneo de existencia; la concepción del mundo en su desnuda pureza, como acontecimiento anímico, como fuerza motora de la vida. La cuestión directamente formulada ¿qué es la vida, el hombre y el destino?*
György Lukács, ibid, p. 23.

sujeto en disolución para que se pueda aferrar a su propio lenguaje. Lukács no deja este matiz claramente expuesto en su "Carta a Leo Popper", pero, a mi parecer, queda explícito por el contexto del pensamiento y la vida de Lukács, y, posteriormente, por el pensamiento expuesto en su *Teoría de la novela*. Sea, pues, este matiz puesto por Adorno en "El ensayo como forma", que, desde mi punto de vista, no expone una opinión contraria a la expuesta por Lukács, sino que la matiza. En su *Diario 1910-1911*, año, éste último, de publicación de *El alma y las formas*, nos dice Lukács:

23 noviembre 1911

Este permanente olvido de mi situación, de la cual raramente tomo conciencia (aunque entonces con gran intensidad, si bien por muy poco rato): ¿Debe durar tanto tiempo? ¿Hasta que me haya acostumbrado? ¿Debo habituarme, a través de esta irrealidad, al desmoronamiento interior? O bien debo..., pero estas contraposiciones podrían continuar ad libitum[39].

25 noviembre 1911

Me es imposible soportar un trabajo tranquilo, carente de vehemencia, y esto se hace cada día más evidente. Apenas un texto que delante deja de desencadenar una reacción violenta, me es imposible seguirlo. Así, a pesar de los intereses más variados, a pesar de una

---

[39] György Lukács, *Diario 1910-1911*, p. 115, Barcelona, Península, 1985.

disposición intelectual de máxima productividad, a pesar de un continuo desarrollo, no avanzo ni un ápice; incluso me encuentro al borde del desmoronamiento interior[40].

Resulta evidente, por ende, que el sujeto de Lukács se encontraba disuelto en esos años, y es ese afán de buscar en la forma ensayo una totalidad fragmentada de discurso de un sujeto disuelto lo que conlleva la metamorfosis que se producirá en el año 1920 con la publicación de su *Teoría de la novela*.

El ensayo de Lukács es forma, es esa forma que busca el *dictum* del sujeto ausente de sí mismo. Y es arte, no ciencia, como ya se apuntó anteriormente, ya que es en el arte donde operan las formas, mientras en la ciencia los contenidos. Así lo concibe también Adorno, como forma, válgase que el título de su escrito es "El ensayo como forma", como de arte posible ante esa *conciencia de la no-identidad* del sujeto:

La conciencia de la no identidad de exposición y cosa impone a la exposición un esfuerzo limitado. Esto y sólo esto es lo que en el ensayo resulta parecido al arte[41].

---

[40] György Lukács, ibid, p. 119.
[41] Theodor W. Adorno, "El ensayo como forma" en *Notas de literatura*, p. 29, Barcelona, Akal, 2003.

El ensayo es, en Adorno, una totalidad, una totalidad del fragmento, que se comporta como total, como si estuviera en poder del todo, sin buscar la eternidad[42]. Es como aquella ilusión de verdad que nombraba Lukács en su "Carta a Leo Popper":

> *Es verdad que el ensayo aspira a la verdad; pero al igual que Saúl, que salió a buscar las asnas de su padre y encontró un reino, así también el ensayista, que es verdaderamente capaz de buscar la verdad, alcanzará al final de su camino la meta no buscada, la vida.*
>
> *¡La ilusión de verdad!*[43]

Y esa meta encontrada, a la que alude Lukács, la vida, es lo que lleva al ensayismo a convertirse en una forma de experimentación. En suma, como nos hace ver Pedro Cerezo en su texto[44], el ensayista se enfrenta a la vida, queda disuelto, y adquiere una actitud existencial de ponerse frente a las situaciones desde su propia sensación interna. Es por ello que el ensayista habla de sí mismo, de aquello que ocurre allá dentro, o acá dentro, de lo que experimenta, y va construyendo ese yo a través de lo que dice de

---

[42] *El ensayo tiene que conseguir que la totalidad brille por un momento en un rasgo parcial escogido o alcanzado, pero sin afirmar que la totalidad misma está presente.*
Theodor W. Adorno, ibid, p. 28.

[43] György Lukács, "Carta a Leo Popper" in *El alma y las formas, Obras completas*, vol. I, p. 30, op cit.

[44] Pedro Cerezo, "El espíritu del ensayo" en AAVV, *El ensayo, entre filosofía y literatura*, Granada, Comares, 2002.

sí mismo en ese ensayo. Esto es, se va dando forma a sí mismo conforme avanza su mano en la escritura. Es por ello que el ensayo se convierte en un lugar a caballo entre la filosofía y la literatura, es, a su vez, por ello, que Lukács llega a entroncar su reflexión sobre el ensayismo con su *Teoría de la novela*, en una inquietud de transformación de sí mismo, y es por ello que Kafka, como ya se verá más adelante, escribe sus escritos a caballo entre ensayo y novela, aferrándose a lo único que le queda, la literatura.

La cuestión de la novela tratada por Lukács en su *Teoría de la novela*, de 1920, apunta directamente a un viaje del individuo hacia sí mismo. Ya no se trata del argumento que podía llevar en la Antigüedad, por ejemplo, al surgimiento de las narraciones épicas, en las que el héroe resultaba ser un sujeto ajeno al propio intérprete del cantar, o incluso a esos autores que iba dejando la memoria colectiva. El surgimiento de la narración contemporánea tiene que ver precisamente con esa mirada del individuo, que surge como tal, solitario, sujeto que puede llegar a afirmar su subjetividad más allá del espacio de la comunidad o colectividad a la que pertenece. Y es en este espacio donde ocurre, para Lukács, un fenómeno similar al del ensayismo. La novela del sujeto disuelto confunde su ámbito con aquél de la filosofía, en el que el sujeto reflexiona sobre sí mismo, se busca y alude a sus sensaciones. Es a raíz de Nietzsche que se explicita claramente esta cuestión. Al abrir el campo a la fábula, como salida de esa voluntad de poder de ese *Freigeist*, que, una vez disuelto, asume su tarea de reconstruir cada ámbito con sus propias verdades, se abre el campo a la narración desde dentro, a ese sueño que cada sujeto tiene de sí mismo, de su época y de su futuro[45].

También, entonces, se torna problemática la cuestión de la exclusiva narración, y el género está, como aquél del ensayo, a caballo entre literatura y filosofía. La escritura se dispone como el centro, la solución, casi podría decirse la salvación. Tanto en el ensayo como en la novela, para Lukács, el yo puede llegar a buscar su expresión, aquella ilusión de verdad que busca, y que ya es nombrada en la "Carta a Leo Popper". Aquesta es la propuesta: literaturizar la vida de esa subjetividad absoluta, o dar vida a la literatura. Es éste el lugar donde Kafka entronca con la inquietud lukácsiana, es aquí donde situaremos la reflexión de las líneas siguientes.

Kafka

Al leer a Kafka, al leer sobre él y su obra, el lector no llega a saber en qué punto quedó su propio sujeto, y en qué lugar el del propio Kafka. Existe casi un proceso de unión, de empatía con esos pensamientos, como si surgiesen de la boca de la seducción, o como algún apuntar hacia dentro, directamente en lo que resulta imperceptible en el sujeto para otros. La desnudez, el sentirse

---

[45] Ver Francisco Jarauta, *La época de Nietzsche*. Manuscrito.

desnudo ante las palabras kafkianas cada vez que la angustia de Gregor Samsa se hace eco en el grito de sus propias cuatro paredes, o que Josef K camina errante por las calles sin encontrar respuesta a aquel proceso vital en el que estaba encauzado. Tales son los efectos que produce la lectura kafkiana, tales en la medida en que el camino que recorre su pensamiento actúa como causa de esos efectos. Kafka acaba, en su alarde de metamorfosis, en ese buscar algún lenguaje, alguna forma, que se adecue al sujeto en disolución, decía, acaba por dar el carácter absoluto a la literatura, esto es, renuncia a la vida ajena a la literatura, renuncia a toda vida que no sea la literaria, rechaza cualquier vida que no esté literaturizada. Resulta ser la literatura aquella *salvación* que Maurice Blanchot[46] identificaba en Kafka; salvación, metamorfosis, en suma aquella forma lukácsiana, sea ensayo o novela, que define a ese sujeto fragmentado.

La tarea kafkiana tiene dos fases a lo largo de su pensamiento, que va siempre unido a las vivencias de su existir:

En primer lugar, la etapa de disolución, de pérdida, de angustia, coincidente con su falta de tiempo y dedicación a la escritura debido a la cantidad del mismo empleado en su trabajo[47],

---

[46] Maurice Blanchot, *El espacio literario*, Barcelona, Paidós, 1992.

[47] *19 febrero 1911*
Al fin y al cabo, lo sé muy bien, todo esto no es más que palabrería, el culpable soy yo, y la oficina tiene respecto a mí las más claras y justificadas exigencias. Pero precisamente para mí esto supone una terrible doble vida, la única salida de la cual es probablemente la locura.
Franz Kafka, *Diarios 1910-1923*, p. 28, Barcelona, Tusquets, 1995.

con su inquietud y nerviosismo debido a la ausencia de una obra completa y publicable seriamente[48], y la inversión de grandes esfuerzos anímicos en su relación con Felice Bauer, la cual resulta contradictoria en sus vivencias, ya que es a raíz de conocerla que se inspira más a escribir, llegando a *La condena* y a toda la correspondencia intercambiada con ella[49], pero le lleva a un agotamiento interno, debido a su constante plantearse incompatibilidades entre matrimonio y literatura.

En segundo lugar, esa etapa de metamorfosis en la que asume su soledad, su habitar en otro mundo[50], siendo su tarea es la de hacer literaria la vida, la de dedicar todo su esfuerzo a la literatura, tarea que coincide con su relación con Milena, señorita también dedicada a los mismos menesteres, tarea que ya quedaba intuida en su primera fase, es a través de sus *Diarios* que podemos observarlo:

---

[48] La cual llega en 1912 cuando escribe en una noche *La condena*.

[49] *Praga, 2 de junio 1913*

¿Llegas a descubrir algún sentido en La condena, quiero decir algún sentido homogéneo, coherente, que el lector pueda seguir? Yo no lo encuentro, y tampoco puedo explicarlo. Sin embargo, hay en la obra muchas cosas extrañas. ¡Fíjate por ejemplo en los nombres! La obra fue escrita en un momento en el que ya te conocía y el mundo había crecido para mí gracias a tu presencia, pero en el que todavía no te había escrito.

Franz Kafka a Felice Bauer, *Briefe an Felice*. Citado en *Escritos sobre sus escritos*, p. 23, Barcelona, Anagrama, 1983.

[50] *28 enero 1922*

De todos modos, tampoco debo formular juicios tan claros, porque ahora soy ya ciudadano de este otro mundo que se comporta, con respecto al mundo habitual, como el desierto con respecto a la tierra cultivada, miro hacia atrás como un extranjero.

Franz Kafka, *Diarios 1910-1923*, p. 361, op cit.

8 diciembre 1911

Ahora siento, y lo sentía ya por la tarde, un gran deseo de arran-
carme escribiendo todo este estado de desasosiego y, así como viene
de las profundidades, hundirlo en las profundidades del papel, o
bien dejar constancia escrita de un modo que me permitiera incor-
porar lo escrito íntegramente en mi interior. No se trata de un de-
seo estético[51].

Es la ironía el medio que le permite llegar a esa vida literaria,
y que, como nos señala Elias Canetti en su texto[52], se plasma en
el *Proceso*, donde describe en abstracto una situación vivida por él
mismo[53]. Y es la conquista de la vida literaria una lucha encarni-
zada por la libertad:

27 enero 1922

Extraño, misterioso, tal vez peligroso, tal vez redentor consuelo de
la actividad literaria: esta acción de salirse de las filas de los asesi-

---

[51] Franz Kafka, ibid, p. 116.

[52] Elias Canetti, *El otro proceso de Kafka*, Barcelona, Muchnik, 1981.

[53] La situación concreta se produjo cuando, a raíz de la segunda propuesta de matrimonio realizada por Kafka a la señorita Bauer, la amiga de ésta, Grete Bloch, que a su vez se carteaba con Kafka, mostró a Felice las cartas enviadas por Kafka, en las que un gran pesimismo hacia el matrimonio, por resultar, a su parecer, incompatible con la vida literaria, estaba plasmado. Cuando Kafka viajó a Berlín para ultimar las condiciones del himeneo, le jugaron la mala pasada de citarlo en un café, y mostrar aquellas cartas que de su puño y letra habían surgido. Fue a raíz de esto que la propuesta de matrimonio se vino abajo, y acabó la relación con Felice Bauer.

nos, la observación de los hechos. Observación de los hechos al crear
una forma superior de observación; una forma superior, que no es
más aguda y que cuanto mayor es su superioridad, tanto más inal-
canzable es desde las "filas", tanto más independiente se vuelve,
tanto más propias son las leyes que rigen su movimiento, tanto más
imprevisible, gozoso, ascendente es su camino[54].

¿Quién es aquel Kafka de los primeros años, aquél que to-davía no había logrado escribir ninguna novela sustancial, aquél que paseaba sus angustias por entre las líneas de sus diarios y fragmentos escritos?

Praga, 10 julio 1914
Escribo diferente de lo que hablo, hablo diferente de lo que pienso,
pienso diferente de lo que debería pensar, y así sucesivamente hasta
la más profunda oscuridad[55].

Con estas palabras de 1914 Kafka se define a sí mismo como ese sujeto en disolución, fragmentado, carente de identidad, casi como aquel átomo que, una vez descubierta su divisibilidad, podía llegar a definirse sin ser lo que se define, sino algo más

---

[54] Franz Kafka, *Diarios 1910-1923*, p. 360, op cit.
[55] Franz Kafka a Ottla Kafka, *Briefe 1902-1924*. Citado en *Escritos sobre sus escritos*, p. 156, op cit.

pequeño todavía[56]. El yo de Kafka está escindido, su escritura no puede llegar a apresar, intuir aquello que sobreviene en su interior, porque no existe ese lenguaje que se adecue a sus sensaciones, porque no llega a poder, en esas fechas, encontrarlo, debido a su falta de tiempo, que le va llevando a una mayor ausencia de coherencia en sus escritos. Cada vez más sus palabras devienen fragmento, que por sí solo es absoluto, y que no llega a unir con el fragmento escrito después de ése, que pretende ser la continuación, la continuidad del anterior, y que, a su vez, deja con el sentir frustrante de aquella inadecuación entre la sensación y la palabra:

15 noviembre 1911

Es seguro que todo lo que he ideado anticipadamente, con buen ánimo, palabra por palabra, o bien de un modo incidental pero con palabras precisas, al intentar transcribirlo en mi escritorio, queda seco, alterado, inmovilizado, molesto para cuanto me rodea, temeroso, pero sobre todo fragmentario, aunque nada haya sido olvidado de la idea original[57].

---

[56] Resulta aquí relevante la apreciación que Elias Canetti hace en su texto (*El otro proceso de Kafka*, op cit.) de que ante esa escisión Kafka adquiere la postura de empatizar con las pequeñas cosas existentes en la vida, sobre todo con animales diminutos, como aquel insecto en el que se transforma Gregor Samsa en esa lúcida mañana en la que, en suma, despierta a la vida.

[57] Franz Kafka, *Diarios 1910-1923*, p. 101, op cit.

La presión externa por parte de sus amigos, especialmente de Max Brod, por la publicación de una obra "en condiciones", debido a la confianza que daban a su escritura, y la sensación interna del propio Kafka de estar cada vez más alejado de la unidad, más alejado de la palabra, más ausente de lo que le rodea:

Principios de 1910

Mi estado no es la desdicha, pero tampoco es dicha, ni indiferencia, ni debilidad, ni agotamiento, ni cualquier otro interés, ¿qué es entonces? El hecho de que no lo sepa se relaciona sin duda con mi incapacidad de escribir. Y ésta creo comprenderla sin conocer su causa. De hecho, todas las cosas que se me ocurren, no se me ocurren desde su raíz, sino sólo desde algún punto situado en su mitad[58].

Es más, ni siquiera sabe si es él mismo quien escribe, ni conoce sobre qué está escribiendo:

Praga, 17 diciembre 1910

No puedo escribir; no he producido ni una sola línea que reconozca como mía, pero por el contrario he borrado todo cuanto he escrito después de París, que no era mucho. Mi cuerpo entero me advierte ante cada palabra; cada palabra, antes de que permita que yo la

---

[58] Franz Kafka, ibid, p. 9.

escriba, mira primero en torno suyo. Las frases se me parten prác-
ticamente, veo su interior y entonces tengo que acabar en seguida[59].

Esta escritura tan fragmentada lleva a esa literatura a su vez fragmentada, que, como él mismo dice de ella en un epígrafe de sus diarios, le conduce a una falta de salud. Ésta es la literatura de ese sujeto ausente de sí mismo, que todavía no se ha transformado en aquella literatura como forma, como nuevo lenguaje, como manera de vida, que se daría en el último Kafka, y la cual ya vislumbra él mismo que llegará, en un fragmento de su diario de 1911:

5 noviembre 1911

Si alguna vez lograse acabar un todo de proporciones mayores, bien estructurado del principio al fin, entonces el relato nunca podría desprenderse definitivamente de mí, y yo podría escuchar su lectura tranquilo y con los ojos abiertos, como el consanguíneo de una narración llena de salud; pero ahora cada pedazo de la historia deambula sin patria y me empuja a mí en dirección opuesta[60].

La escritura, en ese giro que da el pensamiento de Kafka, llega a convertirse en vida, en la propia vida del sujeto, como si

---

[59] Franz Kafka a Max Brod, *Briefe 1902-1924*. Citado en *Escritos sobre sus escritos*, p. 126, op cit.

[60] Franz Kafka, *Diarios 1910-1923*, p. 89, op cit.

existiese una relación recíproca entre ese sujeto y su literatura, como si ese sujeto, al igual que ocurría con el ensayismo en Lukács, se fuese definiendo a sí mismo en el propio acto de escritura, como si aquello que es escrito fuese leído por el sujeto de escritura, cual algo ajeno a sí mismo, hasta llegar a convertirlo en algo interno. Es esa escritura que adquiere nuevos significados en sus palabras, es esa escritura que se convierte en un nuevo lenguaje, que no es más que una nueva forma de hacer y de vivir la literatura[61]. Todo esto, que ya era intuición en la primera etapa de la reflexión kafkiana, como así lo muestran sus diarios, adquiere fuerza una vez que, tras la admisión de el habitar de su propio yo en otro mundo, llega a ser hecho efectivo en el *Proceso*.

Ya Benjamin intuye que este giro de la literatura en Kafka se debe a un estar a caballo entre la literatura y la vida:

> *Las novelas se bastan a sí mismas. Los libros de Kafka nunca, puesto que son narraciones. El escritor ha aprendido, si es que se puede hablar así, no de los grandes novelistas, sino de autores mucho más modestos, de los narradores*[62].

---

[61] *3 julio 1912*
Cuando digo algo, pierde inmediata y definitivamente su importancia; si lo escribo, también la pierde siempre, pero a veces adquiere una nueva.
Franz Kafka, ibid, p. 93.
[62] Walter Benjamin, *Iluminaciones I*, p. 293. Citado por *Luis Izquierdo en Conocer Kafka y su obra*, p. 37, Barcelona, Dopesa, 1979.

Efectivamente, en Kafka, como ya se apuntaba anteriormente, la forma novela se torna problemática, llegando a no poder distinguirse el lugar donde habita esa forma, o dónde habita la del ensayo, la de la filosofía, la de la reflexión de un sujeto que, habiendo quedado disuelto, busca ese nuevo lenguaje con que definirse.

En el *Proceso* observamos que existe no ya una historia, que puede llegar a verse como una crítica a la burocracia de la administración con un poder cada vez mayor para abarcar, sino que se pone en pie la construcción de una narración en la que tan sólo son relevantes las descripciones de las vivencias quebradas de ese sujeto, es más, se torna escéptico hasta del propio yo, de una manera más radical a como lo hacía Freud en su descripción de aquel ámbito desconocido para el sujeto, que es el del inconsciente.

Es la literatura en Kafka, como en aquel fabular del *Freigeist* nietzscheano, una forma de crear esas nuevas verdades, que se tornarán más cercanas al sentir del ego. Una voluntad de poder creadora, un lenguaje creativo nuevo, como aquél que quedará, elaborado de forma compleja, en la mano vivaz de Kandinsky.

3. Pintura

Expresionismo y arte abstracto

El expresionismo, el arte abstracto, el paso de aquellos Delacroix o Courbet a los Kirchner, Schiele, Kokoschka. Se tratará aquí de proporcionar el tejido de urdimbre que deslizar sobre la época, casi como si fuésemos Karl Popper, visionario de sus propias retículas. Una vez más, y debido a que en suma un escrito requiere utilizar un argumento, o que la mirada del sujeto, por amplia, llega a tener sus limitaciones, las que se pueden convertirse en coherencia, vamos a utilizar el de la disolución y la metamorfosis.

Quizás este epígrafe, el que se va a dedicar expresamente a la exposición de las generalidades sobre el arte de la época, hubiera podido incluirse dentro de la parte primera del escrito, debido a que, como aquélla, se dedica a exponer una mirada general, de conjunto (siempre sin obviar que el conjunto es fragmento, y que el arqueólogo posee la visión fragmentaria). Por cuestiones de método, o para una mejor comprensión de la totalidad de las palabras (tomemos la palabra como el átomo de la mecánica clásica, para evitar desgarros inoportunos), se ha decidido incluirla llegados al epígrafe tercero, y para una mejor comprensión del lugar al que vamos a adentrarnos: Kandinsky.

¿Qué ocurrió con la pintura, con el arte, dentro de los límites espacio-temporales que estamos tratando de vislumbrar? Si recordamos aquel óleo de Courbet, *L'atelier du peintre*[63], de 1855, y lo comparamos con, por ejemplo, el *Autorretrato con los dedos extendidos*[64] de Schiele, de 1911, tomando como punto medio, por ejemplo, *El Bar del Folies-Bergère*[65] de Manet, de 1881, observamos que desde el trazo a la composición del óleo, desde la construcción de los espacios y los tiempos hasta la visión de cada gesto y cada tez de los personajes, algo ha cambiado de manera radical, tan revolucionaria como todas las revoluciones que habían ido ocurriendo en el transcurso de la historia occidental en esos mismos siglos.

Courbet, dedicado, como la pintura de aquella época, o como todas aquellas novelas naturalistas de Zola, Balzac o Hugo, a reflejar la situación, el contexto en el que el sujeto, pintor, el que da la pincelada, se sitúa. Sin que importe demasiado cuál sea el estilo personal de esa pincelada, sino el reflejo de aquella situa-

---

[63] Ver anexo, imagen 8.
[64] Ver anexo, imagen 9.
[65] Ver anexo, imagen 10.

ción externa de manera real, la descripción minuciosa, el detalle. Véase que en el *Atelier du peintre* observamos a ese pintor que da su pincelada en el centro del lienzo, con su musa inspiradora, dedicado al óleo que está pintando en ese momento en su caballete. A su derecha, los máximos exponentes de la burguesía parisina, quede resaltado Baudelaire que, ensimismado en la lectura, se encuentra situado en la parte inferior derecha del lienzo.

A la izquierda del pintor, personajes pertenecientes a las clases bajas, al proletariado, a aquellos *miserables* de Hugo. Detrás del pintor y de todos los personajes, e incluso detrás de una tela que encuadra ese *atelier*, el París ardiendo por la Revolución.

Aquélla era la realidad de la época, y quién sino el artista, con el arte, podía reflejarla.

Manet, en 1881, casi treinta años más tarde, pinta aquel *Bar del Folies-Bergère*. Existe una diferencia bastante notable en el cambio de la pintura de la época. En Manet, no olvidemos todos los acontecimientos ocurridos en esos treinta años, desde revoluciones, hasta urbanismo, no olvidemos que la Comuna de París cayó en 1871, no olvidemos que tanto Courbet como Manet fueron miembros del movimiento artístico federalista de la Comuna, reivindicando un arte emancipado de la cuestión del encargo y el mecenazgo, como se decía, en Manet se produce un cambio revolucionario en la autonomía del arte de bastante importancia, y que abrirá el camino tanto a los impresionistas, que en el año en que se pintó este *Bar del Folies-Bergère* ya actuaban, y a los expresionistas o el arte abstracto. Él, y quizás este lienzo sea el más representativo, abre el campo al sujeto, al pintor, a su visión, y al espectador, a la suya. No sólo ya porque el trazo no tenga en absoluto la intención de adaptarse y confundirse con la realidad, o porque el espacio, las dimensiones y las perspectivas no sean ya tarea de neurosis del pintor, sino porque al fin se proclama tanto él mismo, como al espectador, como parte activa de la obra de arte. Así, en este óleo podemos observar que existen dos espacios y dos tiempos para el individuo que pinta u observa. En primer lugar, el espacio y el tiempo de aquél que está situado frente a Suzon, y que observa la escena a través del espejo del fondo. En segundo lugar, el espacio y el tiempo de aquél que está situado a la izquierda del cuadro, a la derecha de Suzon, que no es más que aquel caballero burgués que se encuentra pintado en la parte derecha del lienzo. El sujeto puede ser tanto ese caballero, como el observador de frente, y, dependiendo de ese sujeto, el cuadro puede verse de una u otra forma. Esto es, el sujeto, su punto de vista, crean e influyen en la realidad externa, es más, aquella no tiene sentido si no es atravesando el tamiz de la mirada y los sentimientos del sujeto que la percibe.

Y, de ahí, al lienzo escogido de Schiele, ese *Autorretrato con los dedos extendidos*. La interiorización, la proclamación de la subjetividad como cualidad necesaria para percibir el mundo, llega a convertirse en un modo de ver la vida, en una forma de la misma, propio del sujeto de finales del siglo XIX y principios del

XX, ese sujeto en disolución, que, por tener disuelto a su vez el mundo, se encierra más en sí mismo, en sus sensaciones, en sus sentimientos, en su ego, en su subjetividad, de tal forma que todo le llega a ser a través de su conciencia, de su psicología. Recordemos a aquel Kokoschka que hablaba del retrato-conciencia expresionista, de la necesidad de establecer una relación anímica con el personaje para poder llegar a realizar su retrato[66].

En el autorretrato de Schiele vemos ese rostro desfigurado, raído por su interioridad, recogido sobre sí mismo, a pesar de estar mirando al espectador, es así la visión que el propio Schiele tenía sobre sí mismo, y así es la que quiere hacer llegar al sujeto observador, que no sólo es *voyeur* del óleo, sino que entra en el juego de psicología y conciencia comenzado por el expresionista. Dos dedos extendidos, alargados, deformados, que repite el propio Schiele en diversos autorretratos suyos, casi como si fuesen su carácter identificativo. Y, como resto de aquel colorido modernista de Klimt, tras el personaje, a la derecha del mismo en el lienzo, una pequeña estantería, y en la esquina superior izquierda otro motivo del mismo estilo.

En el expresionismo puede ya observarse ese carácter de disolución del sujeto que se ha descrito anteriormente. La mirada del sujeto, su conciencia, su psicología, se van expandiendo en el

---

[66] Véase en Josep Casals, *El expresionismo. Orígenes y desarrollo de una nueva sensibilidad*, Barcelona, Montesinos, 1982.

trazo, sin una univocidad de discurso que dejar sobre sí al espectador, como podría ser al lector, sino una serie de sensaciones dispersas: en el autorretrato de Schiele, oscuridad, misterio, perversión, decrepitud, desfallecimiento, cansancio, dificultad de sobrellevar los pensamientos, angustia... Puede verse el doble movimiento de destrucción de la forma y construcción purificada característico del expresionismo, como nos hace ver Josep Casals[67], que no es más que el síntoma de ese proceso de disolución y metamorfosis.

No resulta necesario llegar hasta el óleo de Schiele para observar cuáles son los rasgos del nuevo arte. Ya a finales del siglo XIX podemos ver aquel *Grito* de Munch[68] o en Nolde, en su *Esqueletos luchando por un arenque-cigarrillo*[69]. Dos esqueletos, que resultan ser dos seres humanos en abstracto, luchando por lo más insignificante; guerrero, capitán de la armada uno de ellos, son capaces de matar y morir por aquello que es de su deseo o que les pertenece. Tal es el trasfondo del ser humano.

Esto, en suma, hará llegar al arte a la abstracción[70], que resulta la máxima expresión de la disolución del sujeto. Como nos hace ver Worringer en su texto, la abstracción se ha dado a lo

---

[67] Josep Casals, ibid..

[68] Ver Anexo, imagen 11.

[69] Ver Anexo, imagen 12.

[70] Este proceso de disolución del sujeto ante un exterior difícil de asimilar es lo que conducirá poco a poco a Kandinsky, y de ello ya hablaremos más adelante, a la abstracción, cuando, en 1910, realizó su *Primera acuarela abstracta*[70], y escribió "Sobre la cuestión de la forma" y *De lo espiritual en el arte.*

largo de la historia en aquellos momentos en que sobreviene una inquietud, miedo y nerviosismo interior en el sujeto frente a los fenómenos del mundo externo[71]. Y también Kandinsky da cuenta de esto mismo:

> *Cuando la religión, la ciencia y la moral (ésta última gracias a la mano fuerte de Nietzsche) se ven zarandeadas y los puntales externos amenazan derrumbarse, el hombre aparta su vista de lo exterior y la centra en sí mismo.*
>
> *La literatura, la música y el arte son los primeros y muy sensibles sectores en los que se nota el giro espiritual de una manera real[72].*

Más tarde, en un segundo momento, esa metamorfosis. Es entonces cuando se crean nuevos lenguajes para el arte, como lo creará Kandinsky en su *Punto y línea sobre el plano*, o el cubismo y

---

[71] Desde mi punto de vista es ésta efectivamente una buena definición de la abstracción, de cuáles son las condiciones para su elaboración, pero no estaría de acuerdo con Worringer en la opción de plantear la abstracción como un estadio inferior al llamado *Einfühlung*. La *Einfühlung* es la teoría estética que plantea que la obra de arte es absolutamente subjetiva, y que su valor estriba en el poder gozar el sujeto de sí mismo en la contemplación y la elaboración de la misma. Según Worringer, la abstracción se encuentra en un primer estadio del arte, como el arte primitivo, o el arte, por ejemplo, de la civilización egipcia, en la que la geometrización (pirámides), según Worringer, no era más que abstracción, y deja de aparecer en el momento en que aparece la racionalidad, sea la cultura de la Grecia Antigua en la historia del arte.

[72] Wassily Kandinsky, *De lo espiritual en el arte*, p. 40, Colombia, Labor, 1992.

las corrientes posteriores, de las cuales no se va a hablar aquí, y no por falta de deseo.

Tanto abstracción como creación de nuevos lenguajes en el arte implica un postulado que ha quedado hasta este momento implícito: el hecho de que el arte no es más que reflejo de un estado interior del sujeto, y es ése el valor del arte, el hecho de que sea el reflejo de la inquietud interna del ego del artista. Así, y como veremos con Kandinsky, se abre paso a una mayor libertad del arte, no la del "todo vale", sino la del "todo vale, siempre que sea producto de un estado interno del sujeto". Este postulado, explicitado por Kandinsky en *De lo espiritual en el arte*, estaba presente en todos los autores expresionistas. Ya Mathesius en 1903 expresa esta idea: *la forma externa sirve solamente para reflejar la esencia interna*[73]. Esta expresión de la forma interna, rige también, como ya se ha dicho, el expresionismo (de ahí su nombre).

Esa forma interna, esos estados de ánimo tan bien reflejados en los cuerpos retorcidos y mutilados de Schiele, o en aquel Kokoschka de 1914, *La tempestad*[74], en el que los dos amantes, en el cálido estar de la compañía del abrazo tras el placer, reflejan estados internos tan distintos, como si, a pesar de estar acompañados, y ni siquiera en el estar acompañados, dejasen de estar

---

[73] Citado por Josep Casals en *El expresionismo Orígenes y desarrollo de una nueva sensibilidad*, p. 25, op. cit.
[74] Ver Anexo, imagen 13.

absolutamente solos. Él, reflexivo, quizás preocupado. Ella, durmiente, dejada llevar al mundo de los sueños.

O en los componentes de *Die Brucke*, en Dresde, entre los que destaca especialmente Kirchner, el cual habla de una exaltación de la forma interna, discurso similar al de Kandinsky en *De lo espiritual en el arte*:

> *[...] la experiencia sensible del pintor comporta una exaltación instintiva de la forma que él proyecta impulsivamente sobre la tela o el papel [...] La obra de arte es el resultado de la transposición integral de la experiencia vivida*[75].

Y del que se puede destacar la verticalización de los cuerpos, al estilo gótico, y la vuelta al primitivismo en los rostros de los personajes dibujados[76]. Obsérvese los *Hombres de la Artillería*[77].

Cabría considerar aquí, dentro del expresionismo, también el grupo *Der Blaue Reiter*, al cual pertenecía Kandinsky, junto a

---

[75] Kirchner. Citado por Josep Casals en *El expresionismo Orígenes y desarrollo de una nueva sensibilidad*, p. 64, op. cit.

[76] Ese constante recurrir al primitivismo que se da tanto en muchos de los artistas expresionistas como en Picasso, puede ser interpretado como un refugio, una huida, o un regreso hacia el pasado, dentro de una cultura y una situación externa que resulta hostil al sujeto que pinta. Todos los expresionistas coinciden en ese rechazo de la realidad exterior y el desprecio de los valores de su cultura, la occidental.

[77] Ver Anexo, imagen 14.

otros tantos como Marc. Este momento lo vamos a dejar para las líneas sucesivas, ya que se encuadra mejor dentro del epígrafe que en este momento va a tratar describir a Kandinsky.

Kandinsky

Acercarse a Kandinsky, acercarse tratando de visualizar la hipótesis, el argumento que se ha ido desarrollando a lo largo de este escrito. Sea el rastrear, olfatear cuáles son los indicios de aquella disolución y metamorfosis, de aquel deshacer el sujeto, quebrado por la situación de la época, que llega a transformar el lenguaje por alguno a su juicio más adecuado a las inquietudes y los problemas de la situación y el contexto que habitaba. En mi opinión, de todos los momentos que hemos tratado aquí, es en Kandinsky donde más claro se ve ese cambio. Es posible que su disolución no sea tan dolorosa como lo fue la de Kafka, es posible que el ámbito trágico no lo llevara a extremos cercanos a la autodestrucción; rápidamente, quizás en un alarde de esperanza, de ilusión, quizás por una personalidad más optimista, Kandinsky pronto intuyó esa necesidad de transformar el lenguaje, en suma, de transformar el dolor del sujeto, llegando a desarrollar una nueva semántica para la pintura, desde los motivos expuestos en *De lo espiritual en el arte* y "Sobre la cuestión de la forma", hasta la descripción exhaustiva llevada a cabo en *Punto y línea sobre el plano*.

Tomemos cinco momentos del desarrollo en la obra de Kandinsky: el lienzo *Retrato de Gabriele*[78], de 1905, *Montaña*[79], de 1908, la *Primera acuarela abstracta*[80], de 1910, *Grotestudie*[81], de 1914, y la *Composición VIII*[82], de 1923.

Escogidos estos cinco momentos, que recorren los años desde 1905 hasta 1923, vemos un cambio sustancial tanto en las formas, como en la concepción de la pintura que se desarrollaba tras de sí en el propio Kandinsky. Lo único que permanece constante a lo largo de su obra y de su pensamiento es la concepción del color, la importancia que se da al mismo, como significativo y resonador de la experiencia interior del artista. Dejemos esta cuestión para más adelante.

En el *Retrato de Gabriele* existe un motivo claro. Ya el título propone una delimitación: de antemano el observador sabe que aquello que va a ver en el lienzo es un retrato, o al menos algo que se le parezca, en la medida en que Kandinsky da la guía de su interpretación. Y así, efectivamente, al deslizar la mirada por el óleo podemos distinguir aquel retrato que se nombró. En 1905 Kandinsky realiza este lienzo, cuyo estilo es bastante parecido a aquellos que realizaba Manet. No existe un cambio radical en la pintura que Kandinsky había adquirido de la tradición anterior.

---

[78] Ver Anexo, imagen 15.
[79] Ver Anexo, imagen 16.
[80] Ver Anexo, imagen 6.
[81] Ver Anexo, imagen 17.
[82] Ver Anexo, imagen 18.

En *Montaña*, a pesar de que Kandinsky nos da un motivo de antemano, que, antes de observar el lienzo, nos adelanta qué es lo que va a ser allí observado, ya no es como aquel *Retrato de Gabriele*, en el que todo queda delimitado, aunque no de forma realista. Resulta evidente que no es una montaña como todas las que cruzan nuestros ojos cuando pasa el paisaje desde la ventana de algún tren; tampoco es posible, en 1908, teniendo la concepción que ya tenía Kandinsky del arte[83], llegando a una madurez mayor en su pensamiento, y estando en pleno auge el expresionismo, dedicar el esfuerzo y la inquietud en pintar una montaña realista. No es aquélla que nuestra mirada observa en el viaje, pero, en suma, sí somos capaces de distinguir esa montaña, un

---

[83] Desde el punto de vista de Kandinsky, y así lo explicita en *De lo espiritual en el arte*, toda época histórica es, en cuestión de arte, como un triángulo. Dentro de los límites de ese triángulo se incluye todo el arte creado por la época. En el vértice del triángulo es necesario que haya uno o varios hombres que resulten ser como los profetas de la época, aquellos que intuyen cuáles son las inquietudes internas, espirituales, de la época, y que las reflejen en la obra, y que serán rechazados e incomprendidos por sus coetáneos:
En todas las secciones del triángulo hay artistas. Todo el que ve más allá de los límites de su sección es un profeta para su entorno y ayuda al movimiento del reacio carro. Si por el contrario no posee esa aguda visión o la utiliza para fines más bajos o renuncia a ella, sus compañeros de sección le comprenderán y le ensalzarán. (Wassily Kandinsky, *De lo espiritual en el arte*, p. 29, op cit.).
En las épocas en que no existen personas en el vértice del triángulo, se produce una decadencia espiritual en el arte, y éste no progresa:
Los períodos en que el arte no tiene un representante de altura, en que falta el pan transfigurado, son períodos de decadencia en el mundo espiritual. Las almas caen constantemente de secciones superiores a otras inferiores y todo el triángulo parece estar detenido. (Wassily Kandinsky, ibid., p. 30, op. cit.).
Tan sólo como apunte, esta teoría de los triángulos en historia del arte ofrece similitudes con la teoría de los paradigmas en ciencia de Kuhn.

lugar que el lienzo comienza a presentir casi como abstracto. ¿En qué reflexión ocupa Kandinsky su tiempo en ese mismo año? Es posible que esté trabajando su *De lo espiritual en el arte*, obra que terminó en 1910, a pesar de que fue publicada con fecha de 1912. En el comienzo de este escrito nos dice:

> *Toda obra de arte es hija de su tiempo, muchas veces es madre de nuestros sentimientos.*
>
> *De la misma forma, cada período de la cultura produce un arte propio que no puede repetirse. El intento de revivir principios artísticos pasados puede producir, a lo sumo, obras de arte que son como un niño muerto antes de nacer*[84].

Efectivamente, cada época histórica debe tener su propio arte, debido a que el arte no es más que el resonador de las preocupaciones y la vivencias internas que, en el sujeto, produce un exterior determinado. No es posible hacer arte realista a principios del siglo XX, a no ser que sea como un homenaje a cierto tiempo pasado. El artista debe buscar dentro, en su "espíritu", para averiguar qué es lo que ocurre allá fuera, y plasmarlo en la obra de arte. En "Mirada retrospectiva 1913-1918", Kandinsky nos dice:

---

[84] Wassily Kandinsky, *De lo espiritual en el arte*, p. 21, op cit.

[...] De lo espiritual en el arte. Ese libro se hizo por sí mismo antes de haberlo escrito. Transcribí allí experiencias aisladas que, como hube de advertirlo después, tenían entre sí una relación orgánica. Experimentaba el sentimiento cada vez más intenso, cada vez más claro, de que en el arte las cosas no dependen de lo "formal", sino que dependen de un deseo interior (=contenido) que delimita el dominio de lo formal[85].

Es así que el arte viene de dentro, la configuración de la forma en la obra de arte se realizan desde ese interior del sujeto, y ya en *Montaña* podemos observar que existe esa resonancia interior, ese paso por el tamiz del ego para la construcción de la forma. Es más, para Kandinsky tan sólo son válidas las formas que proceden de esa resonancia interior, y ésa es la única condición necesaria para el arte[86]. Es la época de máxima libertad del mismo, dado que el único requisito es la posesión de ese contenido interno del sujeto[87].

---

[85] Wassily Kandinsky, "Mirada retrospectiva 1913-1918" en *Mirada retrospectiva*, p. 115, op cit.

[86] *La forma, en un sentido estricto, no es más que la delimitación de una superficie por otra. Ésta es su caracterización externa. Pero como todo lo externo encierra necesariamente un elemento interno (que se manifiesta de manera más o menos clara), toda forma tiene un contenido interno.*
Wassily Kandinsky, *De lo espiritual en el arte*, pp. 63-64, op cit.

[87] Cabe recordar aquí el lema de la Secesión alemana, escrito en el edificio de Olbrich (Anexo, imagen 5): "A cada época su arte. A cada arte su libertad".

Pero, ¿cuál es, desde el punto de vista de Kandinsky, el arte de la época? No es más que el arte abstracto[88], el cual, a través del color y de la forma, expresa el sentir problemático, disuelto, de un sujeto inquieto y doliente por la coyuntura externa que vive. Ese sujeto ya disuelto lo único que puede expresar, a través de la falta de identidad ya señalada en la primera parte de este escrito, son las sensaciones instantáneas que va teniendo. Ese sujeto en disolución no puede más que resultar un ser en abstracto, dado que cualquier concreción más allá de sus propias sensaciones, implicaría una cierta definición del mismo que no resulta representativa. Es un sujeto en abstracto, dado que ha perdido la totalidad, la verdad, la moral, la ciencia, la psique, la religión. ¿Quién es, o quién puede ser? Tan sólo sus sensaciones, que es posible que no sean coherentes, que cambien con el paso del tiempo, y que se tornen contradictorias para sí mismo. Es ese arte abstracto la única forma de expresar esa inquietud interior:

Toda cosa "muerta" palpitaba. No solamente las estrellas, la luna, los bosques, las flores, de que hablan los poetas, sino también una colilla en un cenicero, un botón de pantalón blanco, paciente, que nos echa una mirada desde el charco de agua de la calle, una

---

[88] *Sobre este sorprendente parentesco se basa seguramente la idea de Goethe según la cual la pintura tiene que encontrar su "bajo continuo". Esta profética frase se encuentra actualmente en la pintura. Desde esta situación, la pintura, con ayuda de sus medios, evolucionará hacia el arte en el sentido abstracto y alcanzará la composición puramente pictórica.*
Wassily Kandinsky, *De lo espiritual en el arte*, p. 61, op cit.

Es así como Kandinsky, en 1910, año en el que termina la redacción de *De lo espiritual en el arte*, pinta por primera vez esa llamada *Primera acuarela abstracta*, que incluso él mismo guardó en secreto, escondida en algún lugar de su escritorio. Es a partir de esta *Primera acuarela abstracta* que toda la obra de Kandinsky se torna metafórica. ¿Qué podemos distinguir en esa acuarela? Formas y colores, sin motivo alguno definido concretamente, ni *a priori* por el pintor, ni *a posteriori* por el observador. Es ese juego de sensaciones del sujeto que realiza la obra, ese juego de sensaciones que en este momento en la reflexión de Kandinsky toda-

---

[89] Wassily Kandinsky, "Mirada retrospectiva 1913-1918" in *Mirada retrospectiva*, p. 99, op cit.

vía no había quedado explicitado, como lo hará posteriormente en *Punto y línea sobre el plano*. Color y forma, aquellos dos únicos medios del arte actual que habían quedado nombrados y definidos en *De lo espiritual en el arte*.

Con respecto a la cuestión de la forma como resonadora de ese interior del artista, de la que ya se habló en Kandinsky unos párrafos atrás, hay que señalar que fue una de las cuestiones que preocuparon, tanto a él como a sus compañeros de inquietud. Tomando como base esta concepción de la forma, se fundó el grupo *Der Blaue Reiter*, formado por Kandinsky, Marc, Schönberg..., y que organizó varias exposiciones y la publicación de su Almanaque en 1912. Anteriormente a la formación de *Der Blaue Reiter*, en 1909 se fundó la *Nueva Asociación de Artistas* de Munich, a la llegada de Kandinsky de Murnau. La motivación principal de esta asociación era la concepción de la obra de arte como un conjunto entre las impresiones del mundo exterior y el yo interior del artista. A ella pertenecían tanto Marc como Kandinsky. En 1911, tras el rechazo de la *Composición V*[90] de Kandinsky para ser expuesta en una de las exposiciones de la asociación, Marc y él se separaron, fundando, en ese mismo año, el grupo *Der Blaue Reiter*, el cual tenía una motivación similar a la de la asociación, sólo que ampliaron las miras hacia el arte abstracto, que ya había empezado a dar sus frutos en Kandinsky a partir de la *Primera acuarela abstracta* de 1910. En el año 1912 apareció el

---

[90] Ver Anexo, imagen 19.

llamado Almanaque de *Der Blaue Reiter*, en el que participaron con textos Franz Marc, David Burliuk, August Macke, Arnold Schönberg, Roger Allard, Thomas V. Hartmann, Erwin V. Busse, Leonidas Sabaneiev, N. Kulbin y Kandinsky, anuario en el cual llevaba pensando ya un tiempo Kandinsky, y en el que se seguía el propósito de reunir todo tipo de obras de artistas diferentes, con la finalidad de dar muestra de esa tesis de que el arte no es más que el resonador de una interioridad[91].

Es importante tener en cuenta no sólo la cuestión de la forma en Kandinsky, la cual se ha venido considerando hasta el momento, sino también la del color, que acompaña toda su obra desde el comienzo al fin. En "Mirada retrospectiva 1913-1918" nos dice:

En la época en que yo era estudiante, cuando sólo podía dedicar a la pintura mis horas libres, intentaba, por más que esto pueda parecer imposible, fijar sobre la tela el "corazón de los colores" (así lo llamaba yo), que surgiendo de la naturaleza irrumpía en toda mi

---

[91] *¡Bueno!, tengo un nuevo plan. Piper tiene que cuidarse de la edición y nosotros dos... seremos los redactores. ¡Una especie de almanaque (almanaque-anuario) con reproducciones y artículos y crónicas! Es decir, relatos sobre exposiciones-crítica... solamente producto de artistas. En el libro se debe reflejar todo el año y una cadena hacia el pasado y un rayo de luz hacia el futuro deberían proporcionarle a este espejo plena vida [...] No hables de ello. O sólo cuando pueda sernos directamente útil. En estos casos la "discreción" es muy importante.*
Wassily Kandinsky a Franz Marc, *Correspondencia*. Citado por Klaus Lanheit en "La historia del Almanaque" en Wassily Kandinsky, Franz Marc, *El Jinete Azul (Der Blaue Reiter)*, p. 239, Barcelona, Paidós, 1989.

alma y la conmovía. Yo hacía esfuerzos desesperados para llegar a expresar toda la fuerza con que aquello resonaba, pero sin el menor resultado[92].

El color, para Kandinsky, ha sido siempre esa manera de expresar la inquietud interior del sujeto en la obra de arte. Es así que en él el color tiene un valor autónomo, valor que también lo tenía para Gauguin, y que pude identificarse aquí como un precursor de Kandinsky en este sentido. Si observamos, por ejemplo, el *Nave Moe*[93], de 1894, podemos entender cuánta es la importancia del color en la obra de Gauguin. Sin esa presencia de la viveza de los colores en el lienzo no podría percibirse la sensación del pintor de transmitir una concepción casi paradisíaca de lo que está pintando. El *Nave Moe* ha sido elegido como ejemplo, pero cabrían muchos otros dentro de la obra de este pintor[94].

---

[92] Wassily Kandinsky, "Mirada retrospectiva 1913-1918" in *Mirada retrospectiva*, p. 99, op cit.

[93] Ver Anexo, imagen 20.

[94] Otros de los influenciados por Gauguin fueron Matisse y Nolde. Matisse pinta, en 1910, *La danza* (Ver Anexo, imagen 21), óleo en el cual es el color el que proporciona la sensación de vivacidad y calor que proporciona esa danza.
Nolde, en su *Santa María Egipcíaca* (Ver Anexo, imagen 22), de 1912, da una importancia al color que también cabe resaltar. En este lienzo, pintado al estilo Gauguin, es el color el que permite resaltar la furia del león, y el poder religioso del señor con barba.
Tan sólo sirva esto como apunte. No se va a extender el escrito por este punto.

Nos habíamos quedado por la *Primera acuarela abstracta*, y hemos podido observar cómo tanto los presupuestos teóricos y prácticos de disolución establecidos en esa acuarela habían sido llevados a cabo en aquella *Composición V*[95] de 1911. Si tomamos el *Grotestudie* de 1914, podemos observar cómo va madurando esa forma de plasmar la disolución y la abstracción del arte, madurando hasta que llega un momento en el que Kandinsky da un giro, y se produce en él esa metamorfosis, creando un nuevo lenguaje para el arte, no ya sólo basado en el principio de la abstracción sin más, sino que dando a esa abstracción unas reglas concretas. Es el pensamiento que culminará en su escrito *Punto y línea sobre el plano*, de 1925, pero que irá desarrollando a lo largo de su obra, sobre todo en 1923, donde podemos observar esa *Composición VIII*, o el *En blanco*[96], también de la misma fecha.

¿Qué puede observarse, principalmente, en ambos lienzos? No ya sólo que se trata de unas obras de arte con formas producto de una resonancia interior del sujeto, cosa que ya estaba

---

[95] Es necesario tener en cuenta la importancia que da Kandinsky a la música dentro de la pintura. Él mismo, al final de *De lo espiritual en el arte*, nos da una descripción de cuáles son los significados de los nombres musicales utilizados por él en la pintura. Las composiciones en las que tan sólo aparece una forma simple las llama "melódicas". Aquéllas en las que aparece una forma subordinada a otras las llama "sinfónicas". Si la obra de arte procede de una impresión del exterior, que se traduce a dibujo es una "impresión". Por otro lado, si la impresión viene del interior del sujeto, y se plasma ese interior de manera directa estamos ante una "improvisación". Por último, si la impresión es interior, pero, a la hora de plasmarla, se dedica un tiempo a buscar expresiones elaboradas es una "composición".

[96] Ver Anexo, imagen 23.

más que dada por supuesto, sino que esas formas quedan ya bastante delimitadas. No resultan ser una serie de colores, líneas y motivos entremezclados, como aquellos disueltos de la *Primera acuarela abstracta*, la *Composición V* o el *Grotestudie*, sino que son producto de una creación, de unas normas, de un encuadre. Esto es, Kandinsky ha creado un nuevo lenguaje, que, como todo lenguaje, una vez que pone los nombres, los verbos, y las normas gramaticales de unión entre ellos, hace que lo inefable adquiera otro aspecto distinto, esto es, parece que hasta lo inefable adquiere una coherencia, o que aquello que era inefable para el otro lenguaje anterior, se hace absolutamente claro al nuevo.

Ahora son dos los medios que producen la forma, la cual, junto al color, expresan la inefabilidad de ese sujeto que estaba disuelto, haciéndolo más coherente consigo mismo. Esos dos medios son el punto y la línea, que se configuran en el plano, y según cómo estén colocados, distribuidos, cuál sea el grosor, la longitud, el color, la mezcla de los colores, darán lugar a un significado u otro, significado que, no debe olvidarse, siempre tiene que ver con las sensaciones del sujeto que produce la obra de arte, que son las sensaciones que, en suma, transmite a través de la misma.

El elemento más primario de la pintura es el punto:

Con el desplazamiento de este punto a lo largo del plano se produce la línea, que, en su forma más simple, es la recta. Esta recta puede ser horizontal, lo que da la sensación de frío, vertical, sensación cálida, o diagonal, que resulta ser una mezcla de las dos sensaciones anteriores. Las rectas simples suelen ser silenciosas, al igual que los colores blanco y negro.

Por otro lado, podemos distinguir los conjuntos de rectas libres, que, en caso de que no tengan centro, como ocurre a lo largo de la *Composición VIII*, resultan ser resonadoras de sonidos, que dependen de los colores a los que se asocien.

Generalmente, las líneas quebradas o angulares, si forman ángulo agudo, llegando a la figura geométrica del triángulo, van asociadas al color amarillo, el cual simboliza, junto a las líneas quebradas, un avance en el plano.

---

[97] Wassily Kandinsky, *Punto y línea sobre el plano*, p. 30, Barcelona, Barral Editores, 1971.

Las líneas quebradas o angulares que forman un ángulo obtuso, llegando a la figura geométrica de círculo, van asociadas a los colores azul o violeta, los cuales simbolizan un retroceso.

Las que forman ángulo recto, un cuadrado, se asocian al color rojo, que es la quietud, pero no aquella silenciosa de las líneas simples, sino una quietud producto de dos fuerzas iguales que se ejercen en sentidos contrarios.

En la Composición VIII encontramos constantemente estos motivos, aunque también llegamos a observar círculos rojos o amarillos, lo cual es una intencionalidad a la hora de crear sensaciones contradictorias.

Con respecto al plano, Kandinsky considera que la forma más objetiva del mismo es el cuadrado, dado que se compone de dos líneas horizontales y dos líneas verticales de los mismos tamaños, por lo que la tensión frío-cálido se neutraliza. En el caso de la *Composición VIII*, en la que tenemos un plano que es un rectángulo cuyas líneas horizontales son de mayor longitud, podemos observar la frialdad que de antemano Kandinsky plantea.

En suma, y no se va a detallar aquí más sobre la concreción del lenguaje propuesto por Kandinsky en *Punto y línea sobre el plano*, debido a que no es lo que concierne, podemos decir que, a pesar de ser un lenguaje limitado y poco definido, debido a que no posee una gramática que cubra todos los ámbitos en los que resulta necesaria una explicitación, el lenguaje propuesto por

Kandinsky es adecuado no sólo para reflejar el mundo exterior[98], que puede llegar a ser traducido en puntos, líneas y planos, sino el mundo y la inquietud interior. El sujeto se ha metamorfoseado, y al fin posee la tranquilidad de tener algo a lo que aferrarse, en medio del océano de dudas, nerviosismos, inquietudes, preocupaciones y angustias que lo rodean.

---

[98] Recordemos las traducciones de los pentagramas a puntos, líneas y planos realizadas por Kandinsky.

Epílogo

Quisiera poder escribir aquí la palabra "conclusión", quisiera que en el sentir de la vida existiese alguna vez la palabra "concluido", quisiera que no sólo fuese conclusa la propia vida, y que algún día pudiese terminar un pensamiento, para descansar, en un instante de calma, mientras se cierran los ojos y ya nada se pasea por el cerebro. Quisiera que este epílogo no fuese el resto o el retomar de lo dicho, así como quisiera, y quiero, que estas palabras, ya para mí, ya para cualquiera que haya podido leerlas hasta el fin, quedasen abiertas, no sólo al diálogo y la discusión, sino al viaje más profundo en la época y los sujetos descritos. Me insto, sea pues ésta una ilusión o un levantarse el ánimo, a seguir con estos argumentos. Y me hubiese gustado afrontar aquí, para que todo quedase algo más completo, los lugares de Schönberg, en música, Einstein, en ciencia, y Freud en psicología. Una tarea que, si no existe el olvido, quedará para el futuro. ¡Oh, vida inconclusa, sigue quedando desplegada para que cada pensar no termine!

Bibliografía

* Adorno, Theodor W., "El ensayo como forma" in *Notas de literatura*, Barcelona, Akal, 2003.

* Adorno, Theodor W., "Apuntes sobre Kafka" in *Prismas*, Barcelona, Ariel, 1962.

* Blanchot, Maurice, *El espacio literario*, Barcelona, Paidós, 1992.

* Bozal, Valeriano, "Fin de siglo: Notas para una teoría de la época" in *La balsa de la medusa*, nº 1, 1987.

* Canetti, Elias, *El otro proceso de Kafka*, Barcelona, Muchnik, 1981.

* Casals, Josep, *El expresionismo. Orígenes y desarrollo de una nueva sensibilidad*, Barcelona, Montesinos, 1982.

* Cerezo, Pedro, "El espíritu del ensayo" in AAVV, *El ensayo, entre filosofía y literatura*, Granada, Comares, 2002.

* Crepaldi, Gabriele, *Artbook. Expresionistas*, Madrid, Electa Bolsillo, 2002.

* Gil Pecharromán, Julio, *Historia contemporánea de Europa Centro-Oriental*, vols. I y II, Madrid, UNED, 2002 y 2003 (respectivamente).

* Hofmannsthal, Hugo von, *Carta de Lord Chandos*, Prólogo a cargo de Claudio Magris, Valencia, Colegio Oficial de Arquitectos de Murcia, 1981.

* Izquierdo, Luis, *Conocer Kafka y su obra*, Barcelona, Dopesa, 1979.

* Jarauta, Francisco, *La época de Nietzsche*. Manuscrito.

* Jarauta, Francisco, "Fragmento y totalidad. Sobre los límites del clasicismo" in AAVV, *Los confines de la modernidad*, Barcelona, Granica, 1988.

* Jarauta, Francisco, "Reflexiones transversales sobre filosofía y literatura" in AAVV, *Literatura y filosofía en la crisis de los géneros*, Madrid, Fundación Juan March, 1999.

* Jarauta, Francisco, "Para una filosofía del ensayo" in *Revista de Occidente*, n° 116, 1991.

* Kafka, Franz, *Escritos sobre sus escritos*, Barcelona, Anagrama, 1983.

* Kafka, Franz, *Diarios 1910-1923*, Barcelona, Tusquets, 1995.

* Kafka, Franz, *La metamorfosis*, Buenos Aires, Losada, 1970.

* Kafka, Franz, *El proceso*, Madrid, Sarpe, 1985.

* Kandinsky, Wassily, *Mirada retrospectiva*, Barcelona, Emecé, 2002.

* Kandinsky, Wassily, Marc, Franz, *El Jinete Azul (Der Blaue Reiter)*, Prólogo a cargo de Josep Casals, Barcelona, Paidós, 1989.

* Kandinsky, Wassily, *De lo espiritual en el arte*, Colombia, Labor, 1992.

* Kandinsky, Wassily, *Punto y línea sobre el plano*, Barcelona, Barral Editores, 1971.

* Kubin, Alfred, *La otra parte*, Prólogo a cargo de Francisco Jarauta, Barcelona, Minotauro, 2003.

* Lukács, György, "Carta a Leo Popper" in *El alma y las formas*, *Obras completas*, vol. I, Barcelona, Grijalbo, 1975.

* Lukács, György, *Teoría de la novela*, *Obras completas*, vol. I, Barcelona, Grijalbo, 1975.

* Lukács, György, *Diario 1910-1911*, Barcelona, Península, 1985.

* Marx, Karl y Engels, Friedrich, *El manifiesto comunista*. Dibujado por Ro Marcenaro. Barcelona, Tusquets, 1976

* Nietzsche, Friedrich, *La gaya ciencia*, Madrid, M. E. Editores, 1995.

* Schorske, Carl E., *Viena Fin-de-Siècle*, Barcelona, Gustavo Gili, 1981.

* Stach, Reiner, *Kafka. Los años de las decisiones*, Madrid, Siglo XXI, 2003.

* Worringer, Wilhelm., *Abstracción y naturaleza*, México, FCE, 1975.

Anexo

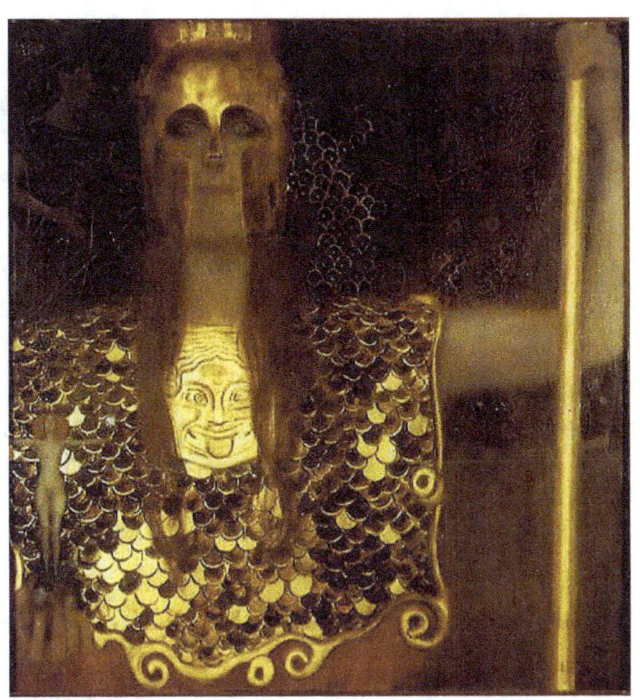

1. Klimt, *Palas Atenea*. 1898.

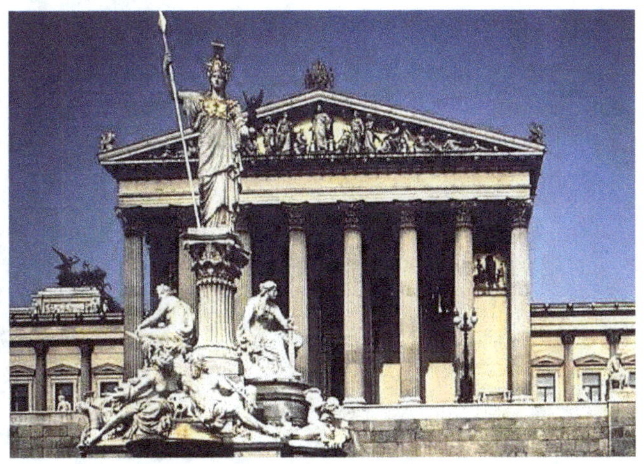

2. Atenea en el Parlamento de la Ringstrasse. Hansen y Kundmann. 1896.

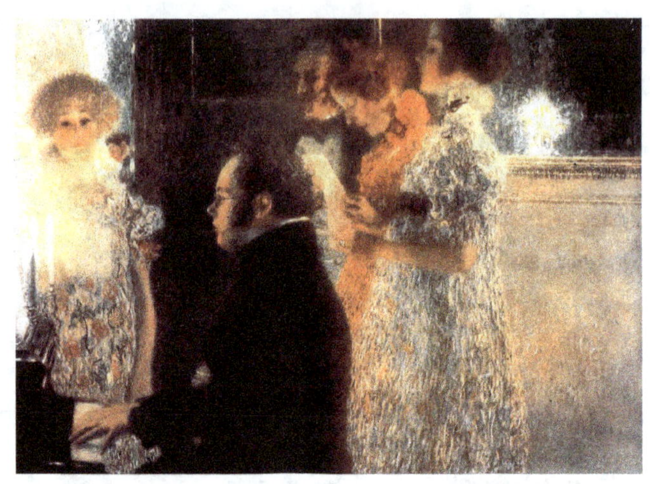

3. Klimt, *Schubert al piano*. 1899.

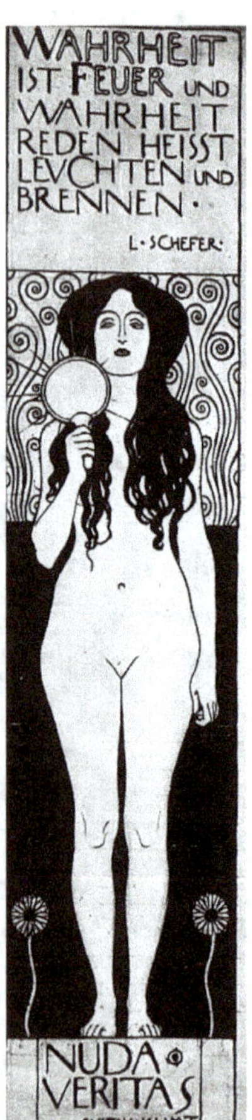

4. Klimt, *Nuda Veritas*. 1898.

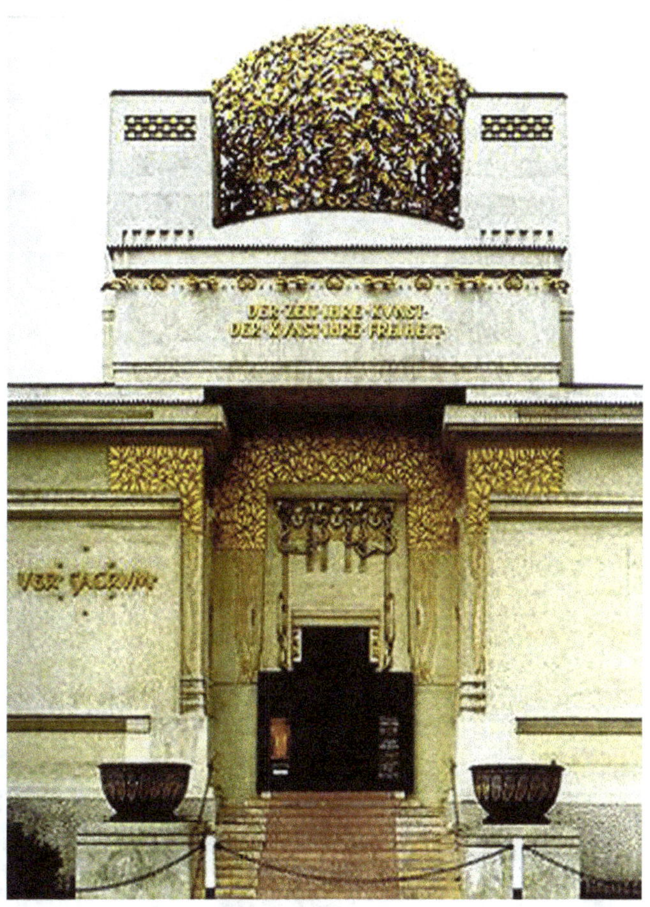

5. Olbrich, *Casa de la Secesión*. 1898

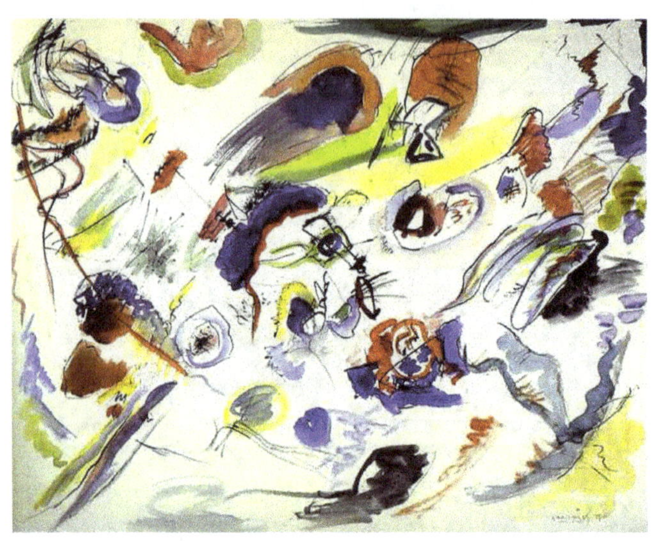

6. Kandinsky, Primera Acuarela Abstracta. 1910.

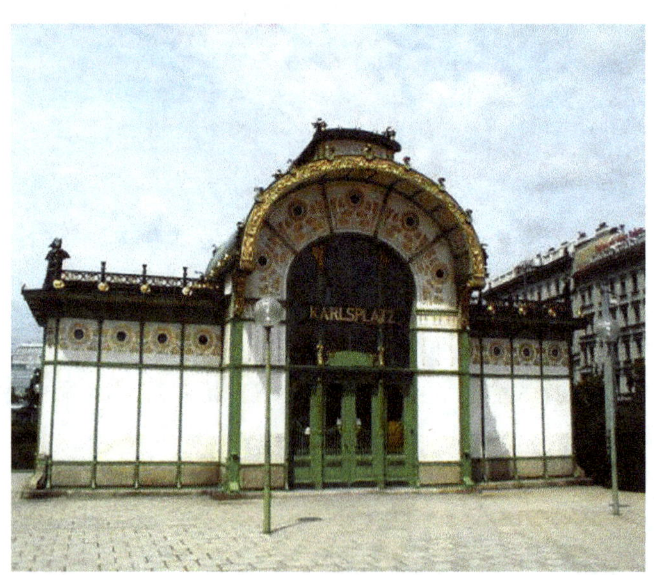

7. O. Wagner, Estación Karlsplatz. 1898.

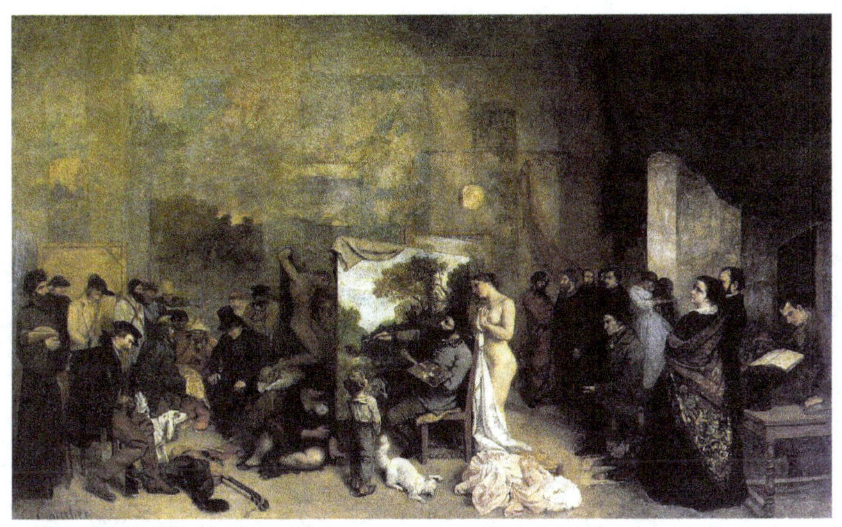

8. Courbet, *L'atelier du peintre*. 1855.

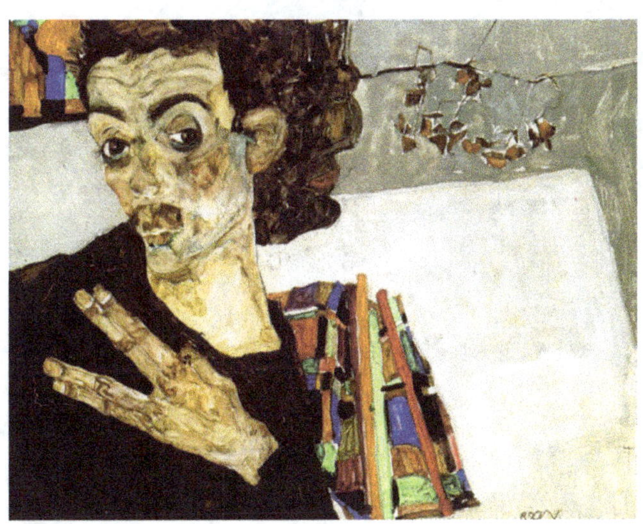

9. Schiele, *Autorretrato con los dedos extendidos*. 1911.

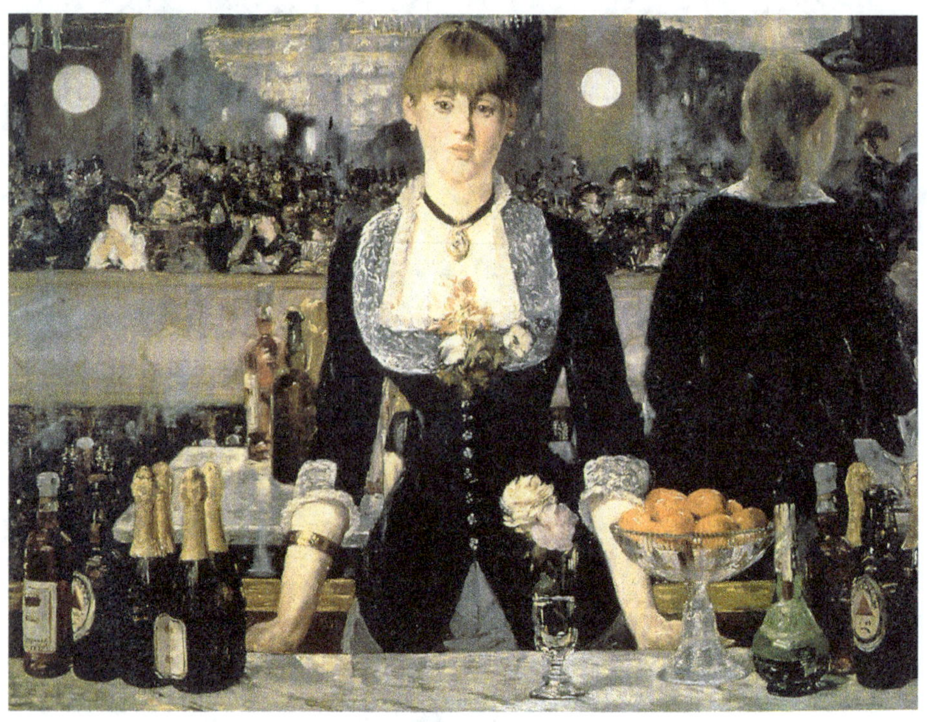

10. Manet, *Bar del Folies-Bergère*. 1881.

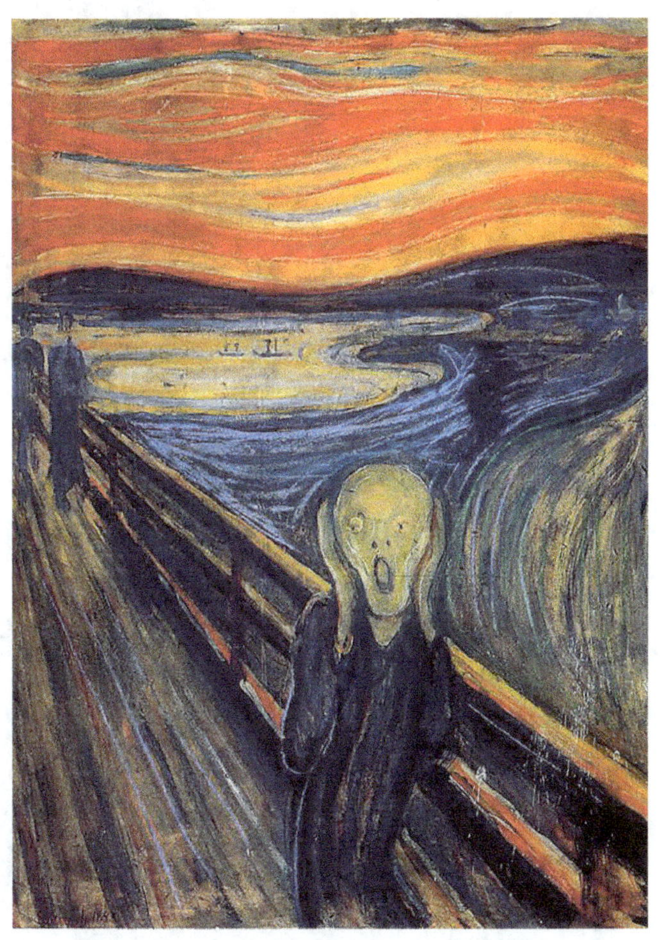

11. Munch, *El grito*. 1895.

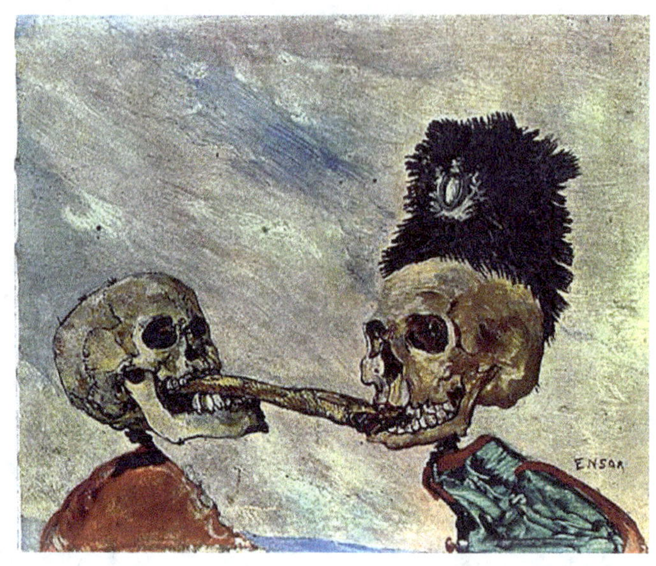

12. Nolde, *Esqueletos luchando por un arenque-cigarrillo*. 1891.

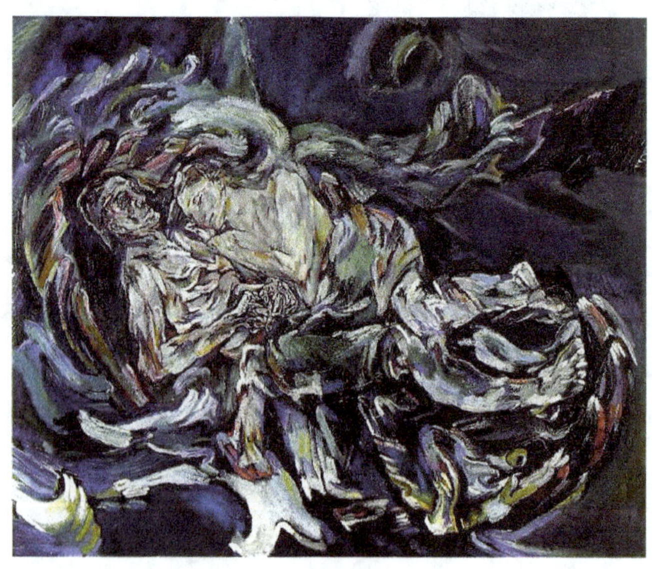

13. Kokoschka, *La tempestad*. 1914.

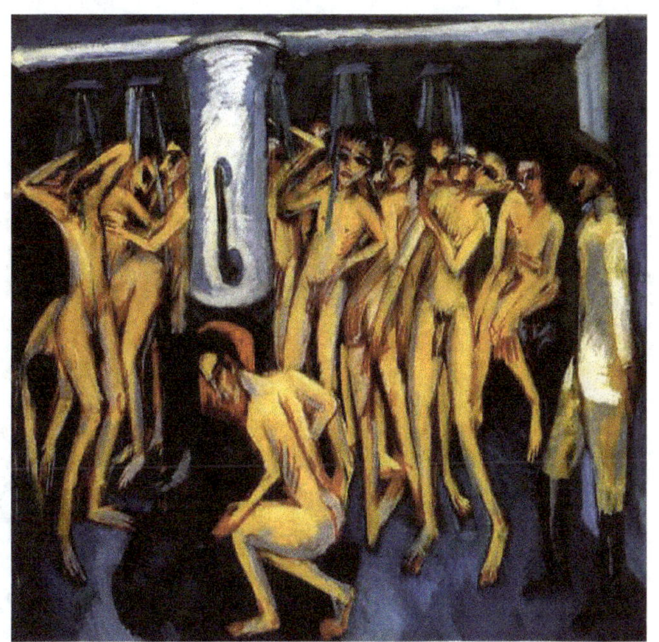

14. Kirchner, *Hombres de la artillería*. 1915.

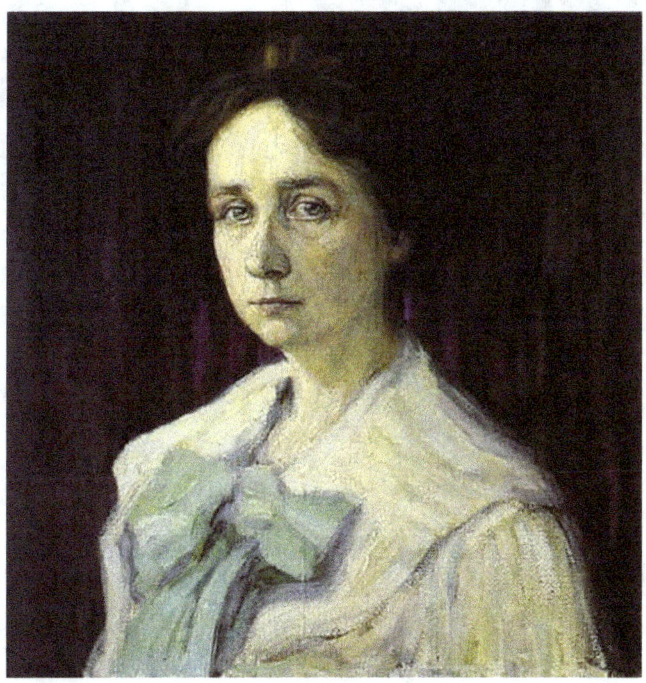

15. Kandinsky, *Retrato de Gabriele Münter*. 1905.

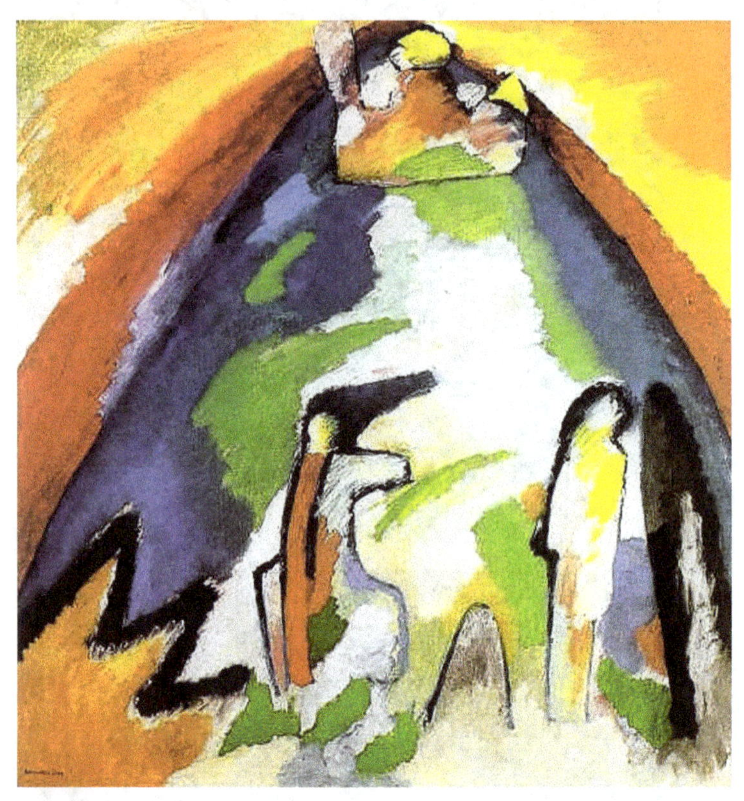

16. Kandinsky, *Montaña*. 1908.

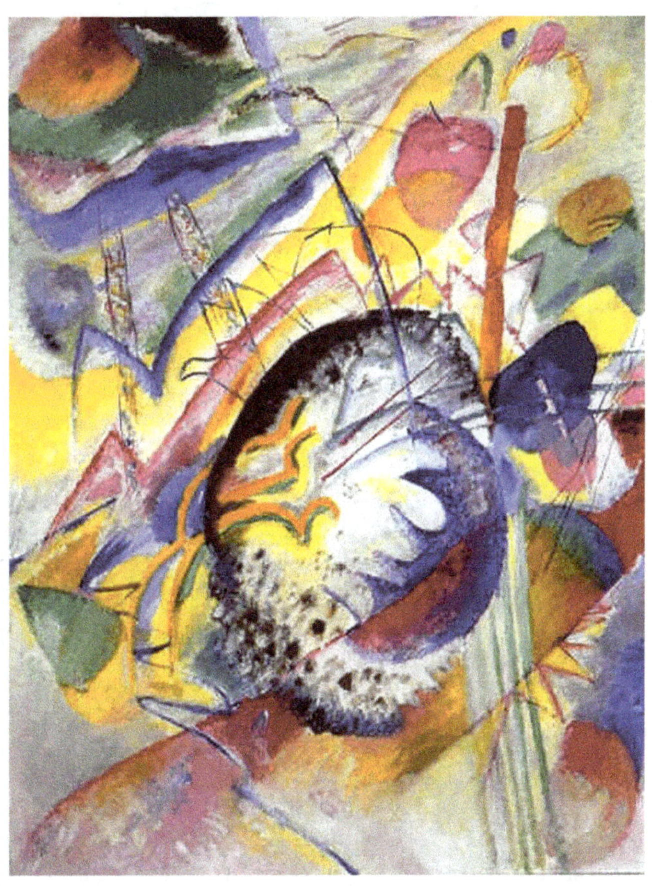

17. Kandinsky, *Grotestudie*. 1914.

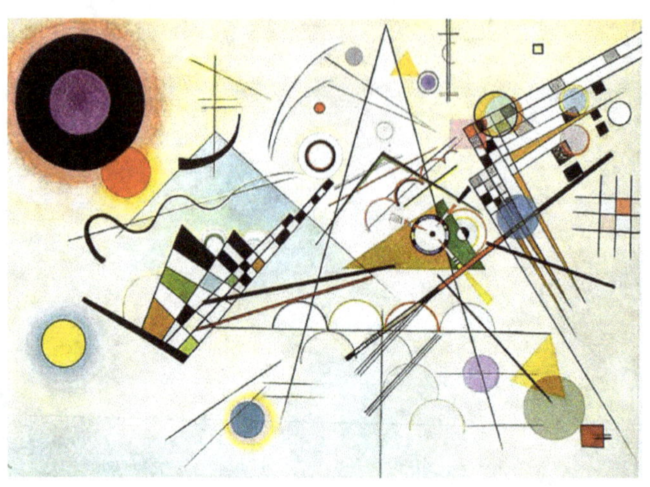

18. Kandinsky, *Composición VIII*. 1923.

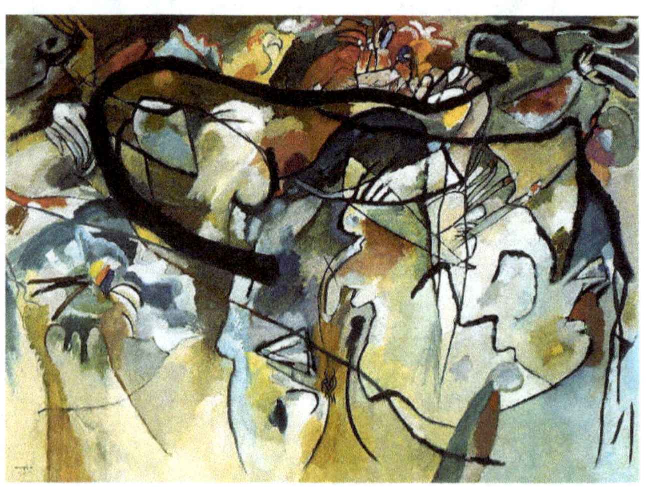

19. Kandinsky, *Composición V*. 1911.

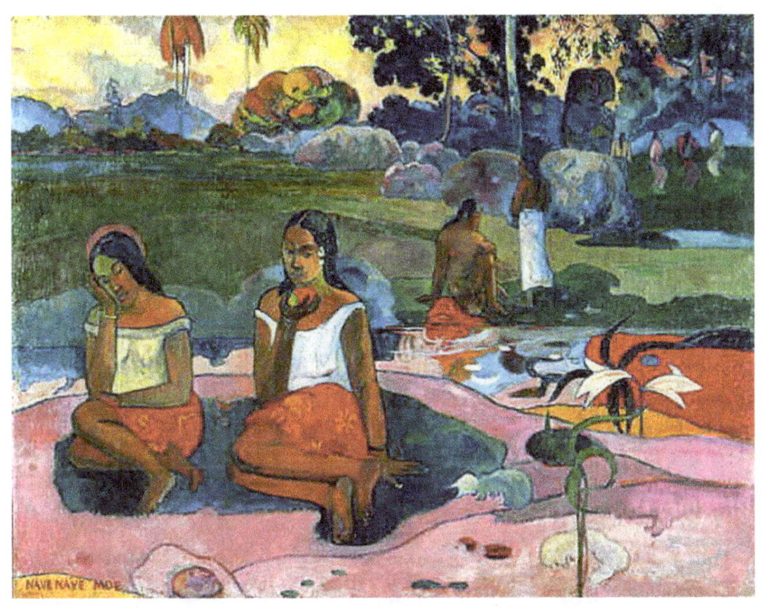

20. Gauguin, *Nave Moe*. 1894.

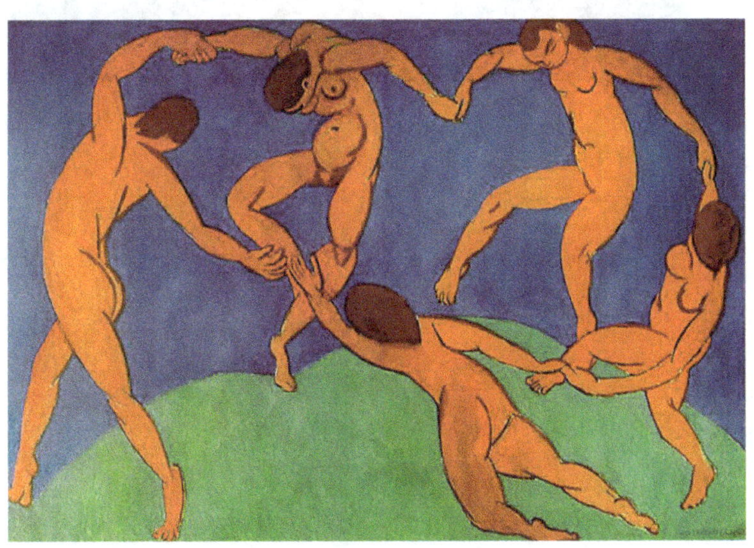

21. Matisse, *La danza*. 1910.

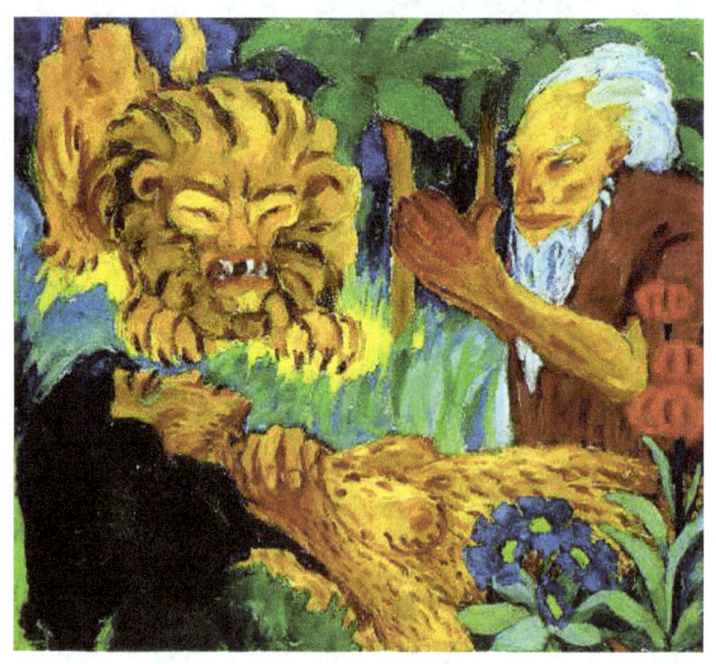

22. Nolde, Santa María Egipcíaca. 1912.

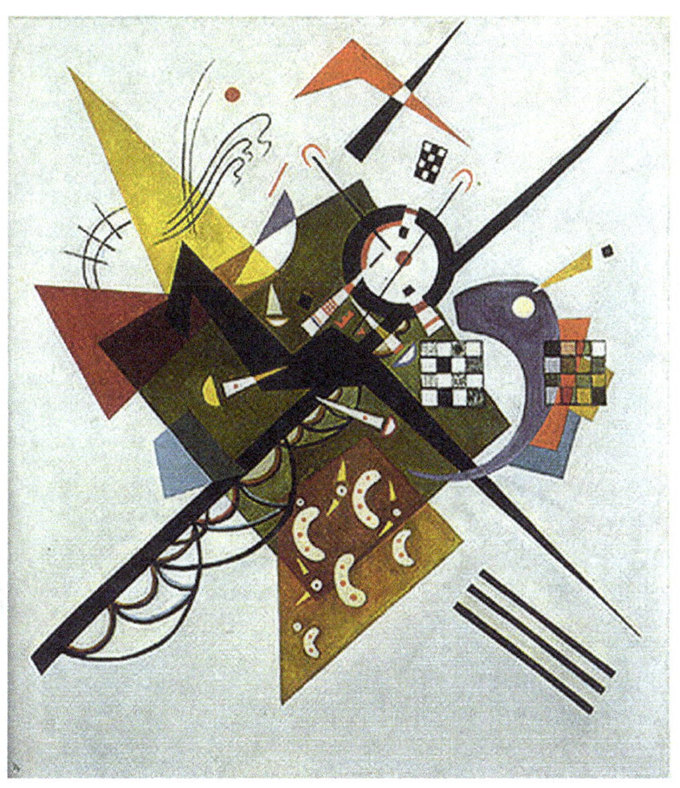

23. Kandinsky, *Blanco*. 1923.

15 diciembre 1910

Casi ninguna de las palabras que escribo armoniza con la otra,

oigo restregarse entre sí las consonantes con un ruido de hojalata,

y las vocales unen a ellas su canto como negros de barraca de feria.

Mis dudas se levantan en círculo alrededor de cada palabra,

las veo antes que la palabra, pero, ¡qué digo!,

la palabra no la veo en absoluto, la invento.

Franz Kafka, *Diarios 1910-1923*.

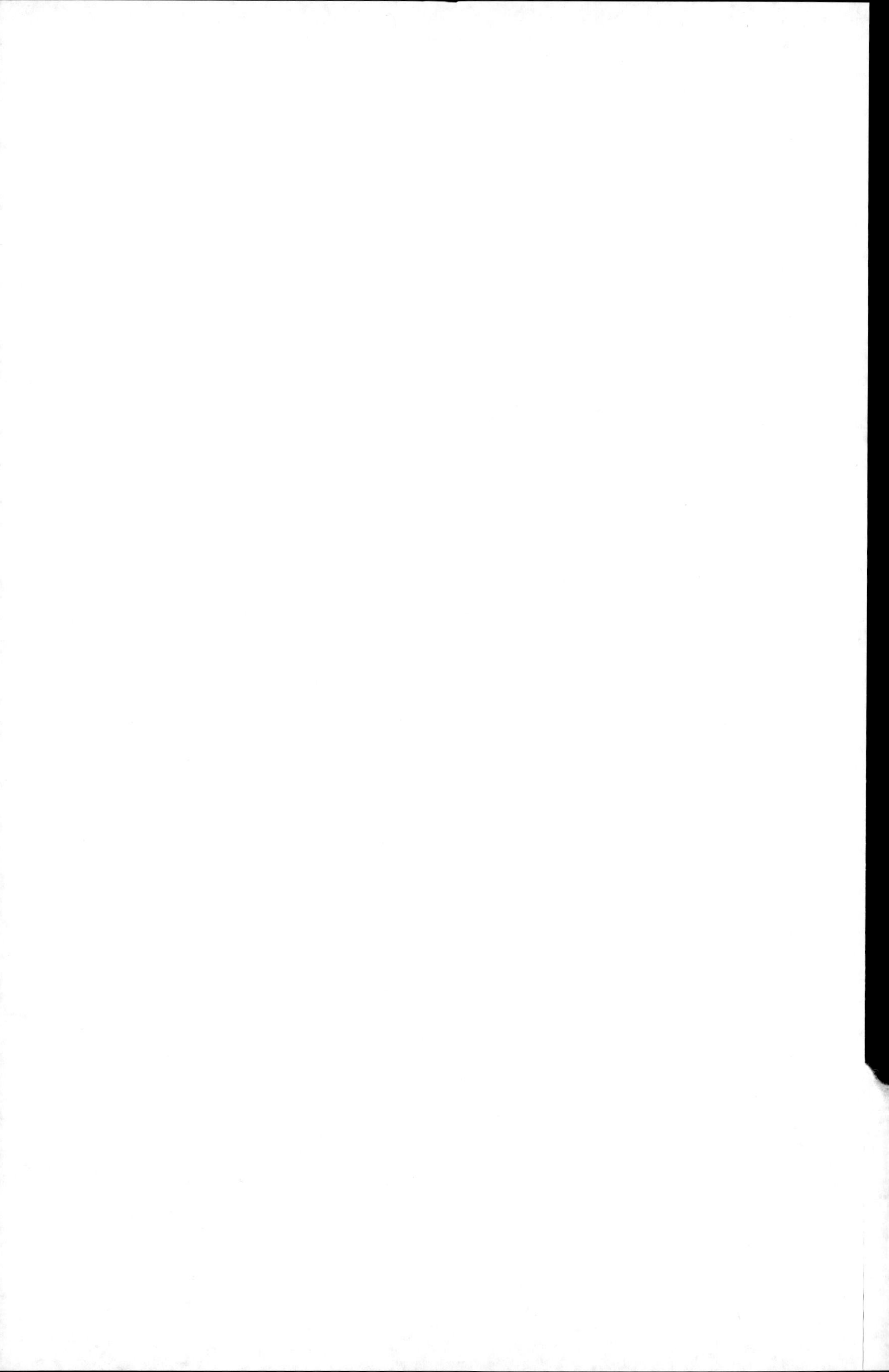

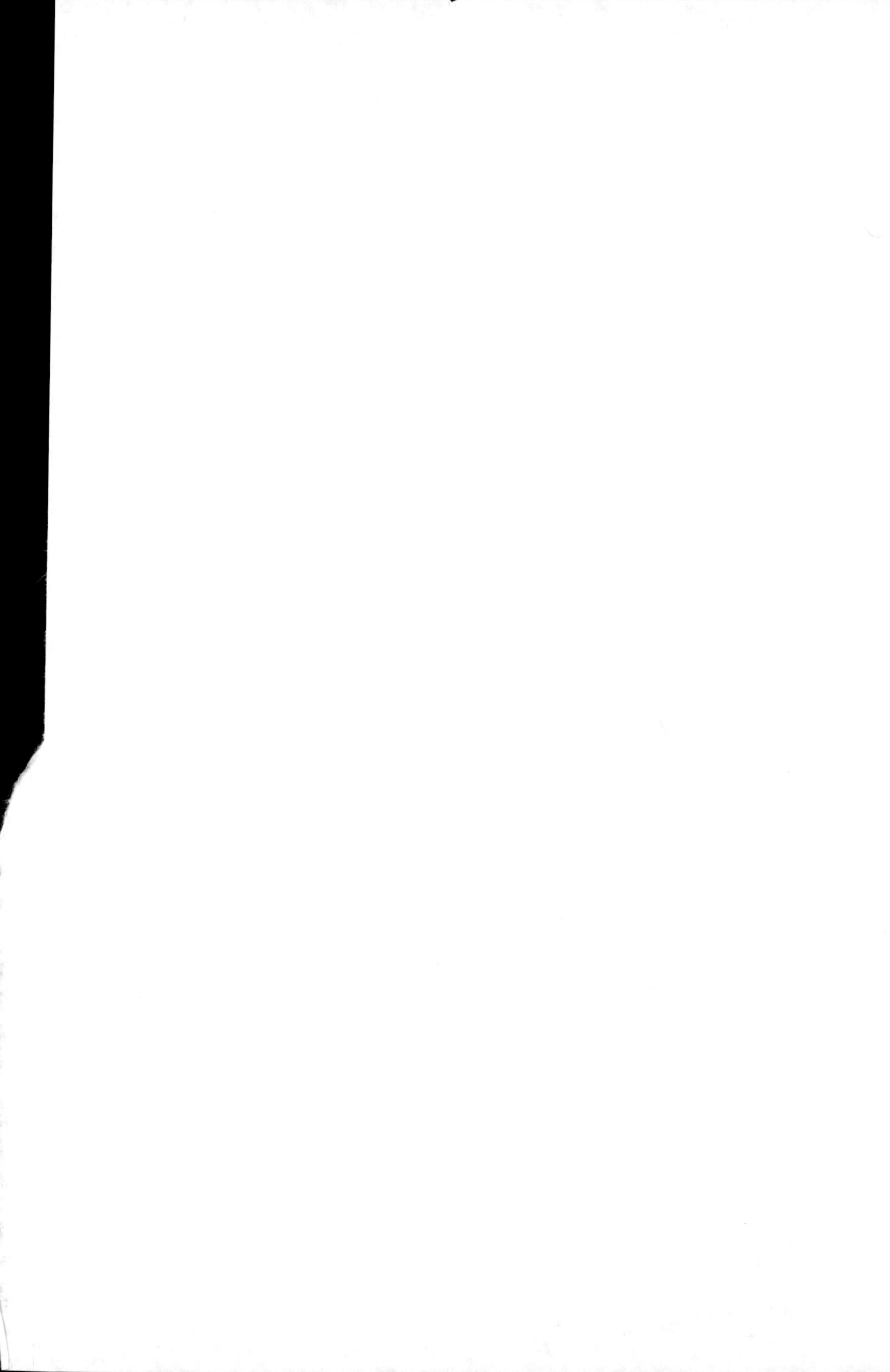